KB096935

이제 다시 시작이다
새세상 새정치

안철수 수석보좌관의 치열한 현장기록

이제 다시 시작이다
새세상 새정치

첫판 1쇄 펴낸날 2015년 9월 21일

지은이 이수봉
펴낸이 박성규

펴낸곳 도서출판 아침이슬
등록 1999년 1월 9일(제10-1699호)
주소 서울 은평구 불광로 11길 7-7(201호)
전화 02) 332-6106
팩스 02) 322-1740
이메일 21cmdew@hanmail.net

ISBN 978-6429-138-2 03340

이제 다시 시작이다

새세상 새정치

안철수 수석보좌관의 치열한 현장기록

이수봉 지음

아침이슬

희망은 인간의 존재론적 요구이다.

차례

제3부 꿈과 현실사이

차례

새로운 정치를 위한 우리의 노정은 아직 끝나지 않았다

당신이 먼저 손을 내민다면
우리의 꿈은 훨씬 빨리 실현될 것이다

나는 이제 쉰 넷이다. "내 나이가 어때서…… 사랑하기 딱 좋은 나인데……" 하고 노래들을 부르지만 어쩔 수 없는 세월의 무게로 몸도 마음도 무거워지는 때이다. 정치판에 들어온 후 하는 일도 안 풀리고 세상도 답답해서 심심풀이 땅콩 삼아 용하다는 점쟁이를 찾아간 적이 있다. 생년월일을 묻고 이리저리 따져 보더니, 당신은 80세까지 일을 해야 할 팔자라고 했다. 좋은 일인지 나쁜 일인지 순간 헷갈렸다. 물어볼까 하다가 좀 없어 보여서 그만두었다.

요즘은 내 나이쯤이면 벌써 직장에서 명퇴하거나 해고당해서 힘들게 살아가는 사람들이 수없이 많다. 결국 사람들은 편의점이나 통닭집 같은 영세사업이나 한계업종의 열악한 일자리로 몰리게 되는데 수입도 떨어지고 삶의 질도 악화되어 참 괴로운 노후를 보내야 한다. 해야 할 일도 없고 뭔가 동기부여도 안 되는데 수입도 없다면 자살을 생각하지 않을 수 없을 것이다. 한국이 OECD 국가 중 자살률 1위라는 것은 이러한 세태를 반영한 것이다.

생각해 보면 암담하고 무섭다. 수입도 없고 할 일도 없고 살아야 할 동기도 약한데 수명만 늘어나서 억지로 살아야 한다면 얼마나 고통스러울까? 그런데 이런 질문을 하는 사람들이 그리 많은 것 같지는 않다. 다들 어떻게든 삶의 의미를 찾고 나름대로 즐기면서 열심히 사는 사람들이 많은 것 같다. 나처럼 쓸데없이 진지한 사람들이나 이런 의문을 품고 있는 것일까? 요즘 그런 의심도 들긴 한다. 진짜 저만 그런가요? 하고 다른 사람들에게 묻고 싶은 심정이다.

이 글은 어쩌면 그런 의문에 대한 답을 찾는 과정의 결과물이다.

나는 사실 민주화투쟁으로 시련을 겪은 후 지금까지 단 하나의 목적을 가지고 치열하게 살아왔다. 그 목표란 간단히 말해서 '모든 인간이 행복해지는 사회'이다. 그런데 목표는 명확했지만 그것을 실현하는 길은 정말 어려운 과정이었다. 개인으로서는 공공의 가치를 위해 조금도 부끄럽지 않게(정치하는 사람은 이런 이야기도 천연덕스럽게 잘해야 한다고 해서 하기는 하지만, 쑥스럽다) 열심히 살아왔지만 결과물은 초라하다.

평생을 바쳐 헌신해 왔던 노동운동은 아직도 '시민권'을 얻지 못하고 있고, 정치세력화를 위한 진보정당운동은 갈가리 찢겨 존립 자체를 의심받고 있는 실정이다. 국민들의 삶이 더 나아진 것 같지도 않다. 물론 80년대에 비해 나아진 것도 있다. 적어도 요즘 시위하다 경찰서에 끌려가 노골적으로 구타당하는 일이 없어지고 '식칼테러' 같은 끔찍한 노동탄압이 보다 세련된 방식으로 변한 것 정도? 그러나 이런 정도는 우리 민주화세대의 피와 땀 그리고 우리가 가졌던 꿈에 비하면 너무나 초라하다.

내가 묻고 싶은 것은 바로 이것이었다.

"우리가 꾸었던 꿈은 아직 안 이루어지지 않았나요? 다 같이 행복하게 사는 세상이 아니라 재벌과 고위관료들만의 천국이 되었는데 왜 우리는 이렇게 가만히 있죠? 우리 아들딸들이 '헬조선'이라고 부르는 지경에 이르렀고 '열심히 일한 당신, 이제 알아서 잘살아 보슈' 하고 비아냥거리는 세상이 되었는데 도대체 왜들 조용히 있나요?"

나는 이런 질문을 수도 없이 했다. 다른 사람들에게도 했고 나 자신에게도 했다.

그 결과 답을 찾아냈다. '아! 우리가, 다시 말해 사회를 좀 더 낫게 바꾸겠다는 진보적 생각을 가진 사람들이 못나서 그렇구나.'라는 결론이었다. 우리는 국민들의 분노를 제대로 끌어내서 승화시키지 못했다! 오히려 어떤 점에서는 그 분노를 이성의 이름으로 억압하고 김 빼기를 했다. 그러자 대중들은 스스로 다른 방식으로 그 분노를 표출했다. 내가 보기에는 2002월드컵의 '붉은악마'조차도 대중들의 억압된 분노가 폭발하여 사회의 레드콤플렉스를 한 방에 때려잡은 것이었고, 쇠고기 수입 반대 촛불집회도 찌질한 진보진영의 대응에 참지 못한 시민의 자발적 분노가 표출된 현상이었다. 이렇게 보면 '안철수 현상'은 더 설명할 필요가 없지 않을까? 정치권에 실망한 대중들의 분노가 안철수라는 개인을 통해 사회적 신드롬을 만들어 낸 것이다.

자! 내 이야기는 여기서 시작한다.

나는 안철수 개인이 안철수 현상을 감당하기 어려울 것이라 생각했다. 그래서 결론은…… 멀리하는 것이 아니라 가까이하는 것이었다. 감당하기 어렵기 때문에 도와야 한다고 생각했다. 왜? 그 현상은 소중한 우리 국민들의 분노와 요구가 만들어 낸 것이니까! 내가 속했던 진보그룹들의 상상력과 동력은 이미 고갈되어 가고 있었고 나는 다른 욕망과 동력을 간절히 원하고 있었다. 이제 그 동력이 나타났으니 당연한 것 아닌가?

그런데 그 동력이 3년의 세월 동안 어디로 갔는지 찾기 어렵게 되었다. 산술적으로 이야기하면 한때 30%까지 지지율이 유지되었는데 지금은 8%선이라고 한다. 그러면 나머지 22%는 어디서 헤매고 있는가? 어떤 사람들은 이제 끝났다고 하고, 어떤 사람들은 아직 미련이 남아서 서성대고 있고, 어떤 사람들은 꺼진 불도 다시 보자 하면서 물을 뿌리는 중이다. 과연 무슨 일이 일어난 것일까?

그래서 이 책을 쓴다.

내가 지금 할 수 있는 일은 지난 3년 동안 무슨 일이 있었는가 하는 것을, 최대한 정확히 사람들이 판단할 수 있게 하는 것이라 생각한다. 왜냐하면 너무나 어처구니없는 오해들이 마치 진실인 양 회자되고 있는 것이 많고 또 그런 것들이 일정 정도 지지율에 영향을 주기 때문이다.

한 가지 예를 들면 '안철수가 짠돌이라 밥값을 잘 안 낸다.'는 소문이다. 절반은 맞고 절반은 틀렸다. 나는 의원실을 총괄했기 때문에 사정을 잘 안다. 안 의원은 한때 늘 은행에 가서 돈을 꾸어 월급을 주어야 했던 경험이 있기 때문에 허투루 나가는 돈에 질색하는 것은 분명하다. 그러나 명분이 있고 합법적인 일이라면 누구보다 통이 큰 편이다. 재산의 절반인 천억 원을 공익재단에 선뜻 내놓은 사람 아닌가? 물론 기성 정치 세계에서 관행처럼 이루어지는 돈거래는 못한다. 아니 절대 하지 않는다. 그래서 기존 정치문법으로 보면 답답하고 불편하다. 그러나 그들을 따른다면 안철수는 살아남지 못한다. 많은 정치인들이 교도소 담장 길을 걸어가고 있다. 내 지역구의 신학용 의원도 훌륭한 의정활동에도 불구하고 도저히 이해하기 힘든 이유로 기소되어 있다. 정치인들이 유독 윤리의식이 낮은 것이 아니다. 정치에는 그런 돈이 들어가는 것이 현실인 것이다. 그러나 그 결과 큰일을 하자면 바로 공격당한다. 심지어 안철수는 여러 기관들로부터 가장 많은 유언비어로 공격받은 사람이다.

또 어떤 사람은 그가 비선그룹을 통해 공식조직을 무력화시켰다고 비판한다. 이런 비판은 충분히 이해할 수 있다. 나도 한때 그렇게 생각한 적이 있었으니까. 그러나 이것 역시 절반의 진실일 뿐이다. 지나온 과정을 곰곰이 돌아볼 때 공식조직이 항상 자기 역할을 하고 있었다고 자신할 수 있을까? 나는 아니었다고 본다. 2012년 대선 후보 때의 진심캠프만 하더라도 급조된 팀이니만치 실제 역량과 직책이 차이가 나는 경우가 많았다. 공식조직에만 의존하기에는 검증된 과정이 너무 약했다. 당연히 여러 비공식 단위로부터 의견을 들을 수밖에 없었다. 물론 비판의 초점은 그것이 아니고 공식조직에서 결정된 것이 한두 사람의 전횡으로 뒤에서 결정이 뒤집어진다는 것이다. 그것은 다시 말해 핵심 측근이 안철수의 의사결정을 독점하고 있었다는 지적이다.

그러나 내가 옆에서 본 안철수는 절대 한 사람의 의견만으로 결정하는 법이 없었다. 안철수 본인이 정치를 시작한 지 얼마 안 되기 때문에 판단에 자신이 없을 때도 있었다. 그럴 때 주위 사람의 자문을 받지만 최종 결정은 자신이 한다. 물론 의견을 달라고 요청받은 이는 자신만 이야기한 것으로 알고 그것이 안 의원의 결정과 일치되면 자신이 영향을 미친 것이라고 생각할 수 있다. 그러나 안철수는 결코 그런 일방적 관계를 형성하지 않았다. 어쩌면 안철수의 가장 큰 약점은 2인자가 없다는 것이다.

안철수의 어릴 때 별명은 청개구리였고 한다. 강제로 압박하면 절대로 따르지 않고 오히려 반대로 하는 사람이라는 뜻이다. 외관상 보기에 유약해 보이지만 그 고집은 대한민국(?)에서 어떤 사람도 꺾을 수 없다. 이것은 안철수의 멘토이면서 후원회장인 최상용 교수도 증언한 바 있다. 나는 오히려 그 고집이 오늘의 안철수를 만들었다고 생각한다. 그리고 그 고집이 시대정신과 제대로 만나기만 하면 역사를 새로 쓸 수 있다고 생각한다. 나는 시대정신과 제대로 결합한 고집이 오늘날 대한민국의 현실에서 요구되는 가장 큰 지도자의 덕목이라고 생각한다. '적당히 정치적이고 적당히 타협'할 줄 아는 정치인은 많다. 그러나 그런 정치인은 역사를 바꿀 수 없다.

물론 지지율이 떨어진 것이 개인의 캐릭터 때문만은 아니다. 오히려 그동안 보여 준 정치적 역량의 한계나 주요한 정책적 오류, 혹은 합당과 같은 정치적 행위에 따른 결과일 것이다. 내가 본문에서 주요하게 다룬 것은 그런 부분이다.

어떻게 전혀 어울리지 않는 안철수와 이수봉의 조합이 탄생했나?

한 사람은 엘리트 코스만 거친 수천억 자산의 기업인이고 또 한 사람은 노동 현장에서 잔뼈가 굵은 사람으로서 급진적인 '기본소득론'을 제기한 진보활동가이다. 아무런 공통점도 없어 보이는 두 사람이 어떻게 같은 길을 걷게 되었을까? 물론 두 사람은 같은 고향에, 같은 중학교 동창이긴 하다. 그러나 대선 출마 전에는 서로 전혀 모르는 사이였다. 친구 따라 강남 가듯 가게 된 것이 아니라는 말이다. 그 과정을 자세히 정리하고 싶었다. 진보운동의 한계를 뚫고 촛불이 켜졌고 이어서 안철수 현상이 생겼다. 나는 진보운동의 핵심일꾼으로서 깊은 자기성찰을 하지 않을 수 없었고 그 성찰의 결과로 결합이 이루어진 것이다.

이 과정은 아직 현재진행형이다. 안철수도 진화발전하고 있고 나도 마찬가지이고 우리 노동정치세력도 마찬가지이다. 이러한 변화가 어떻게 귀결될지는 아직 잘 모른다. 그러나 분명한 것은 목표가 같다면 반드시 만나게 된다는 것이다.

우리의 목표는 '대한민국을 공정한 사회로 만들어 다시 역동적인 활력을 되찾게 만드는 것'이다. 그래서 이미 진입한 저성장 고실업 사회에 적합한 정치체제를 만드는 일이다. 그것은 기득권층의 담합구조를 깨어야 가능하다. 우리는 타깃을 분명히 하는 데 꽤 오랜 시간이 걸렸다. 지금은 쉽게 이야기하지만 그 결론에 이르기까지는 결코 쉽지 않았다.

진보운동의 한계, 안철수 현상의 한계, 야당 세력의 한계—이 세 가지 한계가 한꺼번에 해결되기에는 아직 시간이 좀 더 필요한 듯하다. 그러나 나는 우리 정치권이 국민들에게 희망을 줄 최소한의 근거는 확보했다고 생각한다. 이것은 단순히 이념적 목표가 일치되었다는 점을 가지고 이야기하는 것이 아니다. 그것을 담보할 사람, 충분히 믿을 만한 사람이 있는가를 봐야 한다. 나는 지난 대선과 그 이후 과정에서 수천, 수만의 안철수를 만났다. 비록 우리가 잘못해서 뿔뿔이 흩어졌지만 우리가 같은 방향을 보고 걷는다면 언젠가는 다시 만나서 역사를 새로 쓰게 될 것이다. 그날이 그리 멀지 않다고 생각한다. 누군가 손 내밀어 주기를 바라지 말고 당신이 먼저 손을 내밀었으면 좋겠다. 그러면 훨씬 빨리 우리의 꿈이 실현되는 역사를 보게 될 것이다. 나는 이 글에서 그런 희망의 단초를 찾았으면 좋겠다.

이 글을 쓰면서 나는 많은 사람들의 도움을 받았다. 조용범, 정주영, 장남석, 정선영, 이명식 등 여러 동지와 선배들이 통찰력 있는 조언을 해주었다. 그리고 박윤정, 황영화 등 주민들과의 대화도 큰 도움이 되었다. 아직 초보 정치인에 불과하지만 나를 믿고 기대하는 지인들의 얼굴들을 떠올리면서 그들이 없는 나는 존재할 수 없음을 다시 생각한다.

나 때문에 일찍 가신 어머니, 그리고 지금도 노심초사 아들을 걱정하시는 아버님에게 이 책을 먼저 올리고 싶다. 또한 내가 청춘을 바쳤던 노동운동, 그 속에서 지금도 헌신 중인 동지들과, 그리고 정말 근본적인 변화를 바라는 국민들에게 머리 숙여 이 책을 바친다. 그리고 무엇보다 지금도 고독한 투쟁 중인 내 아내 홍명옥에게 뜨거운 사랑을 담아 바친다.

2015년 여름 끝자락에　이수봉

내일에 대한 전망이 없다면
희망을 갖는 것은 불가능하다.

정권교체의 전망이 암울했던 2012년 대선. 한 줄기 빛처럼 등장한 안철수와의 만남은 대중적 열망과 새로운 정치실험과의 필연적 만남이었다. '후보단일화'라는 국민의 기대를 차마 버리지 못해 안철수 후보는 사퇴하고 대선은 허무하게 끝났다. 암흑 같은 5년이 시작되었다.

제1부

절벽을 마주하고

안철수의 전화 *

이대로 가면 정권교체는 불가능하다…
절망의 순간 전화벨이 울렸다.

2012년 10월 중순, 투명한 가을 햇살이 부드럽게 따뜻했던 오후, 마
포의 노동정치연대포럼 사무실에서 회의를 하고 있는데 전화벨이 울
렸다.

"안녕하세요? 안철숩니다."

수화기 너머 맑은 목소리가 들려왔다.

"이번 대선에 출마했는데 꼭 좀 도와주었으면 좋겠습니다."

나는 내심 반가웠지만 즉답할 수 있는 문제는 아니었다. 조만간 그
의 공평동 사무실로 가기로 하고 전화를 끊었다.

2011년 9월 안철수 서울대 융합과학기술대학원 원장이 박원순 변

호사에게 서울시장 후보를 양보한 후 대선 후보로서의 그의 지지도가 30% 이상으로 상승하고 있던 때, 나는 당시 민주노총의 부총장직을 맡고 있었다. 우리는 사분오열된 진보정당운동의 현실 속에서 새로운 진보세력의 재편을 고민하고 있었다. 당시 노동자들의 정치세력화를 둘러싼 쟁점은 실패한 독자 진보정당을 다시 추진할 것인가? 아니면 다른 제3의 길을 추구할 것인가였다. 당시 '제3의 길'이란 사실상 민주당에 합류하는 것을 의미했다. 그런데 '안철수'라는 강력한 또 다른 변수가 생긴 것이다.

노동계가 선거연대를 계기로 민주당과 조직 통합을 한 경험은 이미 몇 차례 있었다.

2002년 12월 16대 노무현 대통령이 당선되던 때 '노동연대'라는 이름으로 김영대, 심일선, 김호선 씨 등 노동계의 간부들이 조직을 만들어 선거에 결합한 적이 있다.

또 다른 경험은 2011년 민주당, 시민통합당, 한국노총 3자 연대로 만든 '민주통합당' 건설이다. 당시 민주당의 홍영표, 이인영과 시민통합당의 최민희 씨 등 몇 분들이 찾아와 각기 따로 대화를 나눈 적이 있었다. 이들의 공통적 문제의식은 민주당이 노동의 뿌리가 약하기 때문에 민주당을 개혁하기 위해서도 그렇고 노동의 정치세력화에 기여하기 위해서도 그렇고…… 통합적 당 구성을 했으면 한다는 것이 요지였다. 그렇게 해서 노동계에서 적어도 20석 정도를 확보하면 당을 개혁하는

데 큰 도움이 되지 않겠느냐는 것이었다.

그러나 당시 민주노총은 독자적 정치세력화라는 방향성을 정서적으로 유지하고 있는 상태였다. 더구나 민주노동당의 분열 이후 통합진보당이나 정의당 계열들이 아직 상당한 영향력을 유지하고 있는 상태에서 어떤 경로든 정치방침을 하나로 만드는 것은 사실상 불가능한 상태였다.

우리는 깊은 고민에 빠질 수밖에 없었다. 민주노총 차원에서 하나의 정치방침을 결정하기 어려운 이유는 두 가지였다. 하나는 진보정당들이 서로 분열되고 또 지도력이 약했기에 대중조직인 민주노총이 어느 한 쪽을 전폭적으로 지지하기는 어려웠다. 또 다른 하나의 길, 즉 민주당의 왼쪽 블록을 민주노총이 맡는 문제는 민주당이 그동안 보여준 한계 때문에 망설일 수밖에 없었다. 민주당은 김대중, 노무현 정부를 거치면서 정치적 민주화는 일정 부분 진전시켰지만 경제민주화는 이루지 못했다.

특히 노동부문에서는 당시 유행하던 신자유주의를 대폭 수용함으로써 비정규직을 양산시키고 소득 양극화를 초래했다. 노무현정부 후반부 들어와 노사정 간의 갈등은 역대 어느 정권 못지않게 긴장감이 높았고 노동계는 이에 크게 실망하고 있었다.

이런 민주당을 지지하고 함께한다는 것은 사실 노동계 내부에서 말을 꺼내기 어려운 문제였다.

대선은 다가오는데 마땅히 지지할 당이나 후보는 없었다. 이대로 가면 정권교체는 불가능하고 노동자를 비롯하여 국민들의 삶과 나라는 어떻게 될 것인가 암담해 하던 때였다. 그때 혜성처럼 안철수 후보가 등장한 것이었고 그가 먼저 나에게 전화를 걸어 도움을 요청한 것이었다. 그러나 나는 당시 안철수 후보에 대해 대중적 이미지 말고 어떤 정보도 없었다.

노동정치연대포럼의 결성 배경 *

힘을 잃은 노동운동을 되살리고 정권교체에 나서야 한다.

안철수의 전화를 받기 전에 우리는 민주노총 산별 간부를 중심으로 '노동정치연대포럼'이라는 대중조직을 만들고 있었는데 이에 대해서는 약간의 배경 설명이 필요하다.

노무현정부 후반기 우리는 심각한 난관에 처해 있었다. 87년 노동자 대투쟁의 성과로 전국 각지에서 노동조합이 만들어지고 그 결과 임금이 오르고 노동자의 권익도 크게 신장되었다. 우리는 이 성과를 더 확산시키기 위해 두 가지 큰 사업을 추진했는데 하나는 산별노조였고 또하나는 노동자의 정치세력화라고 하는 진보정당 창설 운동이었다. 그러나 그토록 바라던 민주정부 시절인데도 기대와는 반대로 두 사업들 모두 한계에 직면해 있었다.

'산별노조'란 기존의 기업별 노조와 달리 산업별로 노조를 만드는 것이다. 그렇게 되면 동일 업종의 노동자들은 똑같은 혜택을 받게 되어 노동자들 간의 차별을 최소화할 수 있는 장점이 있다. 그러나 바로 그런 이유 때문에 사측은 반대한다. 산별노조운동은 보건의료노조 등 몇몇 직종을 제외하고는 그 취지를 제대로 살리지 못하고 있었다. 산별노조가 발전하는 것은 그 나라의 발전을 위해 매우 중요한 일이다. 요즘 '귀족노조' 등 기업별 이기주의를 염려하는 여론이 강하지만 그때 이미 우리는 그런 우려를 불식시키기 위해 동일 산업에 종사하는 모든 노동자들의 권익을 같이 보호할 수 있는 산별노조를 추진했던 것이다.

나는 산별노조를 발전시키는 데 국가와 기업들이 협조를 했더라면 오늘날과 같은 암담한 경제상황은 막을 수 있었을 것이라고 확신한다. 사실 독일의 강력한 경쟁력도 강한 노조에서 나온다. 조합원들은 노조를 통해서 자신들이 단순한 직원이 아니라 대등한 주체라는 의식을 갖게 되고 그런 의식에서 주인의식이 나온다. 일단 자신이 주인이라고 생각되면 책임감이 생기고 그것이 회사 발전의 동력이 된다.

그러나 당시 기업가들과 정부 관료들은 노동자들의 대투쟁에 놀라고 또 노동조합이 자신들의 이해관계를 침범할 것이라는 판단으로 끊임없이 노동조합의 힘을 약화시키기에 몰두하고 있었다. 그중 하나가 단위노조를 매수하여 기업별 이익에 묶어 두는 수법이다. 단위노조 위원장에게 적당한 이익을 주어 사업장 밖과는 연대를 하지 못하게 하면서 일단 묶어 두는 것이다. 그러면 시간이 가면 갈수록 노동자의 연대 정신은 희미해지고 결국 조합원들은 자신의 이익만 추구하며 스스로를 고립시킨다. 결국 조합 자체가 서서히 무너지는 결과를 가져온다.

보수언론들은 이러한 산별노조 요구투쟁을 정치투쟁으로 왜곡하면서 개별 기업 단위로 묶어 두려고 끊임없이 시도했다. 반면에 단위노조에서 조합원의 이해관계에 따른 요구를 제기하면 '귀족노조'로 매도하는 등 도대체 뭘 해도 노동조합 자체를 무력화시키려는 시도를 계속했다.

이런 상황은 민주정부가 들어서서도 크게 개선되지 않았다. 이른바 민주화는 공장의 문턱 앞에서 멈추어 있었다. 노동자들의 실망감은 진보정당들에게도 마찬가지로 높았다. 당시 민주노동당 역시 내부 정파들의 권력투쟁이라는 늪에 빠져들고 있었다. 이미 민주노동당은 각 정파들의 각축장이 되었고 민주노총 역시 자유롭지가 못했다. 2004년 10명의 의원을 배출하고 한때 20%를 넘어선 적도 있었던 높은 지지율은 내부적 한계로 인해 점점 추락하고 있었다. 급기야 2012년 비례대표 부정 경선 및 중앙위원회 폭력사건 등 치명적인 사건들이 불거져 회복 불능 상태가 되고 말았다.

우리는 진보정당에 대해 점점 소외감과 배신감을 느끼고 있었다. 소위 몸 대고 돈 대고 줄 건 다 줬는데 막상 노동자들은 진보정당 안에서도 찬밥 신세라는 박탈감이 점점 커져 갔다. 그 소외감과 배신감의 정체는 무엇일까? 단순히 당직이나 의원 선출에서 소외되는 차원은 아니었다.

진보정당이라고 하면 노동운동에 대해 올바로 지원과 지도를 할 수 있어야 한다. 그러나 당은 노동계에 대해 그런 지도성을 보여 주지 못했다. 오히려 노동조합 내부에 자기 세력을 심기 위해 노조를 분열시키는 행태를 보였다. 그 결과 노동조합의 대중적 리더들은 자기 조합원들에게 민주노동당 가입을 권유하기 어렵게 되었다. 이것은 내가 우려했던 그대로 정파들이 노동 현장의 구체적인 문제에 대한 이해가 부족한 가운데 자기들의 관념적 이념을 앞세워 대중들을 줄 세우는 방식의 운동에 머물렀던 결과였다.

우리는 젊은 시절의 열정을 다 바쳐 투쟁해 왔던 노력들이 물거품이 되어 가는 것을 보고 비탄과 분노를 참을 수 없었다. 노동운동의 대중적 리더들은 이런 문제를 심각하게 논의했다. 그 결과 '정파적 패권주의'라는 암세포에 죽어 가는 노동운동을 되살리고 임박한 대선에서 정권교체를 하기 위해서는 우리가 다시 전열을 정비해야 한다는 결론을 내렸다. 간단히 말해 '정파의 폐해를 극복하기 위한 정파운동이 필요하다'는 것이었다.

강승규, 이용식, 김태일, 곽태원, 홍명옥, 최상재, 김형철, 정용해, 이영희, 김미정, 김지희, 김진현, 남궁현, 김형근, 배강욱, 지재식, 박홍식 등 노동운동에서 잔뼈가 굵은 백전노장들이 모여 밤새워 토론했다. 우리는 노동운동이 잘못된 정파적 패권주의에 의해 농단당하고 있으며 이에 대해 대중지도자들이 책임 있게 나서야 한다는 결론을 내렸다. 드디어 2012년 7월 광화문 프레스센터에서 발족식을 갖고 '노동정치 연대포럼'이라는 전국 단위의 단체를 결성하기에 이르렀다.

▲ 2012년 7월 노동정치연대포럼 출범식에서 강연 중인 필자

이 자리에서 나는 안철수 현상에 주목하고 진보는 이 시대적
에너지와 결합하자고 주장했다. 또 안철수 개인이 감당 못할
수도 있으니 우리의 역할이 중요하다고 강조했다.

창립 선언문

　노동자가 신음하고 있다.

　실직자는 넘쳐나고, 노동자의 절반은 비정규직으로 고통받고 있다. 정리해고는 자본가 마음대로 자행되고, 최저임금은 점심 한끼 값에도 못 미친다. 장시간 노동과 산업재해가 세계최고 수준임에도 비즈니스프렌드리를 외친다. 어디까지 갈 것인가, 언제까지 갈 것인가.

　우리가 멈추어야 한다. 노동자가 바꾸어야 한다.

　신자유주의로 총칭되는 경제정책의 기조를 바꾸지 않고서 이 흐름을 막을 수는 없다. 이제 노동자가 앞장서서 신자유주의 극복과 사회양극화 해소를 위한 경제민주화를 시대적, 사회적 과제로 내세우고, 노동자가 단결하여 정치사회적 변화의 주체로 나서야 한다.

　그러나 우리는 지금 어떠한가.

　노동진영은 사분오열 되어 있고, 사회개혁을 외쳤던 수많은 노조 간부는 모래알처럼 흩어져 아무런 사회, 정치적 영향력을 갖지 못하고 있다. 특히 지난 10여 년간의 정치세력화 실험이 참담한 실패로 끝나가는 상황에서 수많은 활동가들은 망연자실해 있다.

　그러나 여기서 멈출 수는 없다. 다시 일어서야 한다.

　이에 뜻있는 동지들의 의지를 모아 새로운 노동정치의 실현을 위한 열린 소통의 광장인 노동정치연대포럼을 제안한다.

포럼은 다가올 대선에서 진보적 정권교체를 일차적 목표로 한다. 진보적 정권교체는 노동자가 나설 때만 가능하다. 지금의 전망이 다소 불투명하더라도 우리부터 나서서 노동 현장에 새로운 기운을 불어넣는다면 대선에서 승리할 수 있다. 아니 기필코 승리해야만 한다. 수구세력의 재집권은 노동운동의 말살을 가져올 것이 명약관화하기 때문이다. 대선의 승리만이 신음하는 노동자들에게 희망의 기운을 줄 수 있다.

포럼은 새로운 노동자 정치세력의 형성을 목표로 한다. 지난 시기 노동자 정치세력화 실험의 실패를 교훈으로 노동자 정치세력화의 새로운 모델을 만들고자 한다. 흩어져 있는 활동역량을 한곳으로 모아 연대하고 협력하면서 노동자정치운동의 새로운 구심을 형성하기 위해 활동할 것이다.

포럼은 일상시기에도 노동이 행복한 세상을 만들기 위한 다양하고 지속적인 활동을 전개할 것이다. 우리에게는 평생을 노동운동에 몸 바쳐 온 수많은 동지들이 있다. 이들이 고립 분산적으로 활동하는 것이 아니라 하나로 힘을 모은다면 그 힘은 어느 정치세력에 못지않을 것임을 확신한다.

이제 다시 한 번 일어나자. 다시 한 번 힘을 모으자.
노동이 행복한 세상을 위해, 진보적 정권교체를 위해, 포럼으로 연대하고 결집하자. 1600만 노동자의 희망을 만들고 일하는 사람이 주인 되는 세상을 만들기 위해 힘을 모으자.

2012년 7월
노동정치연대포럼 제안자 일동

문재인 vs 안철수 *

누가 박근혜를 이길 수 있나? 당선 가능성이 최우선적 고려사항이었다.

포럼이 발족되자 200여 명의 노조 간부들이 참여하면서 활기를 띠기 시작했다. 민주노동당이라는 진보정치의 실험은 실패로 끝났다. 실패의 원인을 정확히 분석하고 그 반성 위에 새롭게 조직을 건설하는 과제가 우리에게 있었다. 또 당면하여 2012년 연말에 있을 정권교체라는 과제는 건너뛸 수 없는 과제였다. 이것은 현실적으로 독자후보 방침을 포기하고 지지 후보를 결정하는 과제였다. 그렇다면 어떤 후보를 지지할 것인가? 포럼에서는 '문재인이냐, 안철수냐?'가 핵심 안건이었다.

우리가 중요하게 보았던 것은 '누가 실제로 여당을 이길 수 있는가?'라는 점이었다.

문재인 후보로는 새누리당의 박근혜 후보를 이길 수 없다는 것이 중론이었다. 문재인 후보는 당시 참여정부의 부정적 이미지를 극복하지 못하고 있었다. 동시에 베이비부머 세대의 경제 불안심리가 패닉에 가까워지고 있었지만 민주당은 적절한 메시지를 보여 주지 못하고 있었다. 한마디로 무능한 데다 정치투쟁에만 골몰한다는 부정적 이미지를 극복하지 못한 상태에서 선거를 치르게 될 가능성이 크고 그것은 곧 필패로 이어진다는 판단이었다.

그러나 이런 상황에서도 문재인 캠프 쪽은 별로 위기의식이 없었다. 정권교체보다는 국회의원 금배지 유지에만 관심 있는 의원들이 많다는 이야기도 들려왔다. 문재인 캠프는 '어게인 2002' 같은 과거회귀적 아젠다를 들고 나왔다. 단일화만 되면 승리할 수 있다는 무책임한 낙관론에 빠져 있는 것으로 보였다. 한마디로 본선에 대한 준비가 안 되어 있는 것이 눈에 보였다. 우리는 정말 한심하다고 느꼈고 또 분노가 치밀었다. 만일 이번 대선에서 정권교체를 못한다면 그로 인한 고통은 또 다시 힘없는 국민들이 떠안게 될 것은 불을 보듯 뻔한 것이었다. 그리고 산적한 경제위기에서 국가의 구조를 개혁하는 문제가 다시 5년간 미뤄질 테니 지금 상황은 그럴 여유가 없었다.

그렇다면 안철수는? 도무지 알 수가 없었다. 그의 정책은 도대체 어떤 방향인가? 흔히 말하는 대로 '착한 이명박'에 불과한가? 아니면 수

많은 제3후보의 운명과 같이 거품에 불과한 것인가? 당선 가능성만 놓고 본다면 안철수가 문재인보다 훨씬 더 높다고 우리는 보았다. 무엇보다 중도보수층에 대한 확장력은 확실히 우위였다.

우리는 고민할 수밖에 없었다. 사실 정서적으로는 문재인 후보가 더 가까울 것이다. 민주화운동의 선상에서 같이 싸워 본 경험이 있다는 것은 그만큼 말이 통할 수 있다는 것을 뜻한다. 그러나 지금은 승리가 중요하다. 우리의 역사와 국민들의 삶을 생각한다면 우리가 편한 사람을 택하는 것이 아니라 조금이라도 사회를 바꿀 수 있는 가능성을 택해야만 했다.

9월 말 우리는 안철수 원장을 돕고 있던 하승창 씨를 만났다. 시민단체 출신의 하승창 씨는 적극적인 합류를 권했다. 나는 노동계의 주요 정책적 과제를 담은 문건을 작성해 그에게 건네주고 이러한 방향에 동의가 된다면 우리는 함께 선거를 도울 수 있다고 말했다. 그는 문건을 살펴본 뒤 이런 정도면 얼마든지 함께할 수 있을 것이라 판단한다면서 추후 연락하겠다고 했다.

그러나 어떤 연유인지 계속 늦어지다가 나중에 대외협력을 맡고 있다는 박왕규에게서 연락이 왔다. 서울역에서 만난 박왕규 씨는 적극적이었다. 아마도 내부에서 정리가 된 모양이었다. 나는 즉답하지 않고 안철수 후보를 직접 만나 보고 판단하겠다고 했다. 안 후보에게서 전화가 온 것은 그 며칠 뒤였다.

안철수를 선택하다 *

그것은 개인의 만남이 아니었다. 노동과 촛불과 안철수 현상의 결합이었다.

안철수 후보의 전화를 받고 며칠 후 우리는 직접 안 후보를 만났다. 나와는 사적으로는 같은 부산 출신이고 중학교 동창이지만 그동안 두 사람이 살아온 과정은 너무나 달랐다. 한 사람은 최고 엘리트 코스를 거치면서 기업가로 성공한 대선 후보였고 또 한 사람은 민주화투쟁으로 감옥에서 모진 고초를 겪고 이후 30년 가까이 밑바닥에서 노동운동을 해온 사람이었다. 그리고 이 만남은 개인 대 개인의 만남이 아니라 대중적 지지도가 최고조에 이른 대선 후보와 민주노조운동의 한 축이었고 진보개혁 진영의 새로운 정치실험을 시도하는 정치조직 간의 필연적 만남이었다.

공평동 '진심캠프' 사무실에서 만난 우리는 반갑게 악수를 했고 서로 간단한 안부를 물었다. 길게 이야기를 나눌 필요는 없었다. 우리는 안 후보를 도와서 같이 대선을 치르기로 결의했다. 안 후보의 대선캠프는 노동부문이 취약했고 우리는 대중적 지지가 약했다. 그러나 단지 그것만은 아니었다. 양쪽 다 기존의 주류세력에 대한 강한 문제의식을 가지고 있었다. 안철수 후보는 기존 양당정치가 국민의 이익을 대표하지 못한다고 생각하여 매우 비판적이었다. 그 점은 우리도 마찬가지였다.

그런데 문제는 '목표지점에 대한 비전이 일치하는가'였다. 말하자면 오른쪽 입장에서 주류를 비판할 수도 있고 왼편에서 비판할 수도 있는 것이다. 이 경우 주류를 비판한다는 점에서는 공감대가 만들어질수 있지만 그 비판의 내용 자체는 완전히 서로 달라서 하나의 정치세력이 되기는 어렵다. 나는 그 점이 찜찜했지만 그런 문제까지 일일이다 정리하고 결합할 수는 없었다. 시간이 없으니 서로 믿으면서 같이만들어 갈 수밖에…….

안 후보를 만난 다음 날부터 대선캠프 내 유일한 조직단위로 노동센터를 구성하고 실행에 돌입했다. 이용식·김태일 공동대표, 강승규 운영위원장, 그리고 내가 집행위원장을 맡아 상근하기 시작했다. 우리는각종 노동정책 공약부터 만드는 일을 착수했다.

그러나 이 과정부터 결코 쉽지 않았다. 기존에 노동정책을 입안하던 정병석(전 노동부차관) 팀이 있었고, 이들과는 토론과정에서 사사

건건 부딪치곤 했다.

나는 하승창 실장에게 항의했다.

"이거 말이 다르지 않은가? 노동 관련 정책을 이렇게 만들면 어떻게 노동자들을 우리 편으로 데려올 수 있겠는가?"

하 실장도 난감해 하면서 조정해 보겠다고 답했다.

그렇게 내부투쟁은 시작되었다.

귀족노조란 말은 다시는 안 써야겠군요 ✳

산별노조를 막으면서 귀족노조라 욕하는 것은 정부와 기업이 자신의 잘못
을 감추기 위한 위선일 뿐이다. 노동의 아픔을 이해할 때 비로소 참 지도자
가 될 수 있다.

당시 안철수 후보 캠프는 가급적 중도 진영을 끌어들여야 한다는 분
위기가 강했다. 따라서 노동문제와 관련해서도 다소 보수적인 태도를
취하고 있었다. 우리는 그런 시각과 처음부터 부딪쳐야 했다. 예컨대
비정규직을 없애자는 정책도 우리는 비정규직을 사용하려면 그 직무
를 분명히 해서 꼭 해야 할 직무에만 사용하자는 소위 '기간제 사용사
유 제한'을 들고 나왔고, 기존 팀은 그것은 좀 어려우니 현실적으로 기
존 정부에서 하던 '기간 제한을 유지'하자는 입장이었다.

나는 답답했다. 우리는 보수나 진보의 관점에서 노동정책을 이야기
하는 것이 아니다. 상식의 입장에서 당연히 현장에 적용되어야 할 기

본을 이야기할 뿐인데도 그조차 너무 진보적이라고 색안경을 끼고 보는 느낌이 들었다. 우리는 그것은 현실을 모르는 것이라고, 책상물림들의 생각일 뿐이라고 비판했다. 노동 현장에서는 비정규직으로 채용해 2년도 되기 전에 해고시켜 버리고 다시 비정규직을 쓰는 편법이 일반적이었으나 법은 아무런 조치도 취할 수 없어 점점 비정규직만 늘어나는 상황이었다. 우리는 치열하게 싸웠고 도저히 해결되지 않으면 직접 안 후보를 만나서 토론을 통해 결정했다. 안 후보는 비록 노동문제에 대해 전문가는 아니었지만 이해가 빨랐고 충분한 토론 후 납득이 되면 결정은 단호했다.

한번은 캠프의 메시지 팀에서 귀족노조에 대한 문제제기를 하자고 해 한바탕 소란이 일었다. 나는 안 후보에게 '귀족노조론'이 왜 보수언론의 왜곡된 선동인가를 열심히 설명했다.

"지금 한국 사회가 안고 있는 핵심문제는 재벌과 관료의 독점이라는 구조적 잘못이다. 노조는 그 왜곡된 구조에서 자기 것이라도 지키기 위해 싸우는 것이다. 노조가 무조건 다 잘하고 있는 것은 아니지만 본래 노조의 목적이 조합원의 이익을 지키는 것이다. 그런데 정부는 산별노조를 못하게 막고 있지 않느냐. 그래 놓고 귀족노조라며 폄하하는 것은 자기들의 큰 잘못을 감추기 위한 위선에 불과하다." 등등 나름대로 절박하게 설명했다. 안 후보는 다 듣고 나더니 "알겠습니다. 앞으로 귀족노조란 말은 쓰면 안 되겠네요."라며 웃었다.

▲ 노동정치연대포럼 회원들과 산행 후 기념사진

2014년 5월, 새정치의 꿈을 포기할 수 없는 노동자들이 다시 모였다. 어려운 시기에는 이렇게 만나기만 해도 그저 좋았다.

근로자란 용어 대신 노동자란 말을 쓰게 하는 것도 참 힘든 과정이었다. 물론 두 단어는 혼용되어 쓰이지만 엄격하게 따지면 사용자와 대칭되는 객관적 용어는 노동자가 올바른 표현이다. 근로자란 '열심히 노동하는 사람'이라는 뜻인데, 어째서 노동자만 열심히 일하는 자여야 하는가? 그러면 사용자는 '근용자'라고 써야 하나? 그것은 노사가 대등하다는 근대적 가치에도 맞지 않는다. 더구나 현대사회는 기계문명이 노동을 대치하는 속도가 점점 빨라지고 있기 때문에 열심히 일하는 노동자보다는 창의적 노동자가 더 적합한 사회가 되어 가고 있다. 결국 이런 용어 하나에도 새로운 프레임을 가져올 수 있는 확장성이 있어야 한다.

우리나라는 분단국가이고 레드콤플렉스에 따른 금기어들이 있다. 그러나 이런 금기들을 극복해야 새로운 사회가 온다. 새누리당은 상징색으로 빨간색을 채택하는 과감한 쇼라도 보여 주었다. 그러나 야당은? 그런 결기를 갖고 있는가?

나라를 경영할 사람은 문제의 본질을 꿰뚫고 있어야 한다. 피상적 이해로 사회를 파악하는 지도자는 국민들의 눈물을 닦아 줄 수가 없고 마음을 움직일 수도 없다. 그런 지도자는 결기가 생길 수가 없다. 노동이야말로 사회의 가장 기본을 이루는 것인데 바닥에서 노동의 아픔을 이해하지 못하는 자가 어찌 지도자의 자격이 있겠는가?

안철수 후보는 예상 외로 우리의 말을 빠르게 이해하고 있었다. 한

번은 한국노총 조합원 대회에서 문재인, 안철수, 박근혜 후보가 각각 연설하기로 되어 있었다. 안철수 후보는 몇 만 명이 모이는 대중집회의 경험이 없었다. 그렇지 않아도 지지도가 답보상태인데, 노사모를 비롯한 열성 문재인 지지자들의 응집력에 다소 위축되는 느낌까지 있었다.

나는 아주 중요한 고비라는 생각에 어떤 메시지를 담아야 노동자들의 마음을 흔들 수 있을까 고민했다. 아마 어떤 후보든 간에 선거용 메시지는 엇비슷할 것이다. 뭔가 차별성 있는 메시지가 필요하다. 나는 안 후보의 철학과 진실성, 그리고 인간적인 접근을 담은 메시지를 떠올렸다. 출근하자마자 '한국노총의 생일인 창립기념총회에 직접 참석해서 축하해 주는 대통령'이라는 핵심 컨셉으로 연설문을 작성하고 박선숙 본부장에게 전달했다. 노동을 존중한다는 것은 말로 하는 것이 아니다. 직접 만나서 같이 대화를 나누는 것이 갖는 메시지의 의미는 매우 큰 것이다.

박선숙 본부장은 글을 보자마자 '바로 이거네!'라면서 안 후보와 협의하러 들어갔다. 나중에 알고 보니 메시지팀에서 밤을 새워 작성한 연설문이 있었다. 그것이 마음에 안 들어 박 본부장이 고치고 있던 중이었다. 안 후보는 메시지팀에게는 미안하지만 노동자에게는 이수봉 동지가 쓴 연설문이 더 어울린다고 생각했다고 나중에 말했다. 그리고 메시지팀에게 술 한잔 사라고 농담조로 말했다. 나는 그러겠노라고 했지만 약속을 지킬 수는 없었다.

그 팀장을 만난 것은 며칠 지나 후보 사퇴 후 진심캠프 해단식을 하고 나서 공평동 곰장어 집에서 뒤풀이할 때였다. 나는 가슴이 휑하니 뚫려 있었고 그 역시 한참 운 얼굴이었다. 팀장은 그 연설문 이야기를 했다. 그리고 마음 아팠지만 이해한다고 했다. 그 팀장은 언제 다시 일할 기회가 오면 좋겠다고 했지만, 아직 그런 기회는 오지 않았다.

진심캠프의 한계 *

치킨게임은 더 이상 안 된다. 그러나 정치는 결과에 책임져야…

우리는 혼신의 힘을 다해 내부투쟁을 하면서 노동정책을 만들고 조직을 확대해 나갔다. 5천여 명의 노동자 지지선언을 조직하고 전국적 조직망을 만들기 위해 강승규, 이용식, 김태일, 곽태원, 이영희, 지재식 등 포럼의 지도부들이 전국을 뛰고 있었다. 그러나 대선캠프는 생각보다 힘 있게 돌아가지 않았다. 전국 각지에서 돕기 위해 몰려든 자원봉사자들은 체계적으로 조직되지 않았고 역할도 주어지지 않았다. 캠프의 문턱이 너무 높고 관료주의가 심하다는 불평이 제기되었다. 더러는 실망해서 떠나가기도 하고 도와주겠다는 사람을 왜 막느냐고 욕을 하는 사람도 있었다.

단일화가 가장 중요한 과제가 되면서 캠프 지도부의 신경은 온통 그

문제에 집중되었다. 그러나 조직을 맡고 있는 사람의 입장에서 볼 때 무언가 허리가 허약한 느낌이었다. 강하게 밀고 가기 위해서는 바닥의 힘이 뒷받침되어야 하는 법인데 단일화 협상이 진행되면 될수록 우리 중간 허리들은 점점 힘이 부치는 느낌이 들었다.

물론 애초부터 당 조직이 없는 안 후보가 대선 후보가 되기는 어렵기 때문에 대중적 여론을 통한 바람몰이로 후보를 만들고 실제 단일화 이후 선거운동은 민주당 인프라를 이용한다는 기조가 불가피한 측면이 있었다. 그러나 여기서 중대한 착오는 단일화 상대인 민주당의 속성을 간과한 것이었다. 민주당의 자기중심적 조직논리는 쉽게 극복할수 없는 상수였다. 이것을 여론전에 의존해 극복하기는 진심캠프로는 역부족이었다. 물론 민주당이 양보했으면 최선의 상황을 만들 수 있었겠지만 그것을 기대하는 것 자체가 지나치게 순진한 것이었다.

결국 국민과의 약속이었던 단일화라는 절대절명의 과제 앞에서 치킨게임을 더 이상 할 수 없었던 안철수 후보는 사퇴했다. "정치는 결과로 말하는 것이다. 의도의 순수성이나 과정의 정당함으로 책임을 다할수는 없다." 안철수 후보는 나중에 여러 번 주위 사람들에게 이렇게 말했다. 그만큼 역사와 사회에 대해 책임을 다하지 못한 것에 대한 상처가 컸고 이것은 오래갈 터였다.

곧 다시 기회가 올 겁니다 ✳

그의 표정은 결연했고 눈빛은 조금도 흔들리지 않았다.
그 속삭임이 이후 나를 지탱해 준 힘이었다.

선거 막바지에 뭔가 잘못 돌아간다는 느낌이 강하게 들어서 캠프의
포럼 대표들 몇몇이 모인 적이 있다. 최태욱, 고원, 윤석규, 이상이, 전
성인, 선대인 등은 상황인식이 비슷했다. 첫째, 어정쩡한 중도주의로
는 야권단일화에 승리할 수 없다, 둘째, 강력한 개혁 주체세력을 모으
고 조직적으로 정비하지 못하면 돌파력을 만들 수 없다는 것이 모두
들 일치된 의견이었다. 우리는 상황인식이 비슷한 인사들을 확대하고
안철수 후보와 직통라인을 만들어 조직을 새롭게 정비해 나가자는 의
견을 모았다.

그러나 우리의 논의는 너무 늦었다. 그 결의가 있었던 일주일 후 결
국 안철수 후보는 후보 사퇴 기자회견을 한다. 눈물의 기자회견이었

다.

마지막 협상과정에서 어떤 일이 있었는지는 나는 알지 못한다. 사퇴 며칠 전만 하더라도 안 후보는 우리에게 '조직을 준비하자. 단일화에 대비한 노동조직도 점검해 보자'라고 할 만큼 강한 의지를 내비쳤다. 이는 아직도 다 말할 수 없는 뒷이야기가 있다는 의미이다. 상대편의 신의 없음을 탓할 수도 있고 비신사적 행동을 따질 수도 있을 것이다. 그러나 결과에 책임을 져야 하는 정치에서는 잘잘못을 따지는 일은 큰 의미가 없다. 원인을 자기 내부에서 찾아내는 일이 더 중요하다. 다시는 그런 잘못을 되풀이하지 않아야 하기 때문이다. 그렇다고 그것이 그냥 흘러가는 사건으로 끝나지는 않는다. 시간은 흘러가는 것이 아니라 차곡차곡 우리 내면에 쌓이는 것이다.

캠프에서 몇 달 동안 밤잠 못자고 미친 듯이 달려왔던 우리들은 허탈감에 망연자실했다. 내 옆에서 지켜보던 박왕규 팀장이 소리쳤다.

"안 됩니다!"

솔직한 내 심정은 '아! 여기까지……'였다. 그동안 막바지로 가면 갈수록 뭔가 불안한 느낌이 짓눌렀다. 나의 감으로는 이런 식으로 진행되면 어렵다는 느낌이 강했던 것이다.

누구보다 힘들었을 안철수 후보는 감정을 억누르고 캠프에 남아 있던 사람들을 한 사람 한 사람 따뜻이 안아 주었다. 다들 눈이 빨갛게 충혈되어 있었고 어떤 여성 실무자는 울고 있었다. 내 차례가 되어 포옹

했을 때 안 후보는 귓속말로 속삭였다.

"곧 다시 기회가 올 겁니다."

나는 놀라서 안 후보의 얼굴을 똑바로 쳐다보았다. 안 후보의 표정은 결연했고 눈빛은 조금도 흔들리지 않았다.

그 작은 속삭임은 이후 나를 지탱해 준 힘이 되었다.

단일후보 문재인을 지원하라 ✳

전국을 누비며 지지를 호소하고 다녔지만 강력한 아젠다가 아쉬웠다.

진심캠프는 해산했지만 우리는 해산할 수 없었다. 우리 노동정치연대포럼은 정권교체를 목적으로 한 조직이었다. 과정이야 어떻든 이제 단일화가 된 마당에 우리는 우리의 역할을 해야 했다. 한편 안철수 후보도 문재인 단일후보를 지원해야 하는 과제가 있었다. 우리는 적어도 노동부문만큼은 문재인 캠프와 통합조직을 결성키로 하고 통합노동캠프를 꾸렸다.

한편 문재인 캠프에서는 안철수 전 후보가 적극적으로 도와주지 않는다고 볼멘소리들을 했다. 사퇴 후 비밀리에 캠프 실무책임자 회의를 열었다. 지원 시기를 논의하는 자리에서 안철수 전 후보는 가벼운 농담을 했다. '공부 못하는 학생이 자기 실력은 안 따지고 부모 탓만 한다더니……' 문 캠프 쪽에 대한 힐책이었다.

당시 안 후보의 생각은 그동안 자기를 지지하던 지지자들이 가급적 온전히 문 후보에게로 옮아가게 하는 데에 가 있었다. 너무 성급하게 문 후보에 대한 지지를 호소하면 오히려 자신을 지지했던 사람들이 반감을 느껴 정치 무관심층으로 돌아설 것을 우려했다. 지지자들의 마음의 상처를 좀 더 달래고 여론이 어느 정도 안정화되는 시점을 보는 것이 필요하다고 생각했다. 안 후보는 그럴 시간적 여유를 주지 않는 민주당이 답답했던 것이다.

우리의 주된 임무는 안철수 후보의 지지 세력이 떨어져 나가지 않도록 하고 안철수 후보가 문재인 후보를 지원할 때 적극적으로 함께 참여해서 엄호하는 역할로 결정했다. 전국 각지를 돌면서 안 후보의 독자적인 지지운동이 전개되었다. 그러나 일단 후보 사퇴 이후 지지자들은 대부분 떠나가고 일부만 남아 있어서 선거운동 자체가 다소 위축된 상황이었다. 첫 지방 순회 일정으로 부산을 가게 되었는데 나는 걱정스러웠다. 사퇴 이후 부산 민심이 안 후보에게 어떠할지 가늠하기 어려웠던 것이다.

나는 노동센터 동지들 10여 명과 함께 부산으로 내려가서 안 후보를 수행하기로 했다. 그러나 걱정과는 달리 몰려드는 인파로 인명사고가 날 정도였다. 우리는 안 후보를 에워싼 시민들을 정리하느라 한겨울임에도 온몸이 땀으로 흠뻑 젖었다. 힘들었지만 행복했다. 우리가 언제 이렇게 자발적으로 몰려드는 지지자들에게 둘러싸여 본 적이 있던가? 항상 우리는 대중을 향해 '선언'했고 '따르라'고 외쳤다. 그러나 언제부터인가 그 외침은 관성화되었고, 메아리 없는 공허한 손짓을 반복하고 있을 뿐이었다. 그런데 지금 안철수 전 후보를 지지하는 민심은 그야말로 마음에서 우러나오는 것이다. 이 차이는 크다. 우리는 이 민심의 힘을 믿고 밀고 나가야 한다. 이런 추세로 간다면 해볼 만하다는 느낌이 들었다.

이날부터 우리는 선거운동을 끝내는 마지막 강남 유세장까지 하루도 빠짐없이 전국 각 지역을 돌면서 강행군을 했다.

우리는 미친 듯이 전국을 돌아다니며 대중들에게 지지를 호소하고 다녔지만 문 후보 캠프의 선거운동은 뭔가 마음이 찜찜했다. 한마디로 승부수가 없었다. 단일화 국면에서 필요 이상의 강공전술로 안철수 지지자들의 마음을 돌아서게 만든 데다 문재인 후보 자신만의 강력한 아젠다는 찾아보기 어려웠다.

경제민주화는 새누리당이 선점해 버렸고, 정치개혁은 안철수 후보가, 정권교체는 새누리당이 '이명박에서 박근혜의 변화도 교체'라는 정서를 만들어 냄으로써 도대체 문재인의 경쟁력을 어디서 찾아야 할지 사람들은 헷갈려 했다. 노란 목도리로 상징되는 노무현의 추억만 있었을 뿐 새로운 시대를 여는 시대정신이 모호한데다가 결기마저 약했다. 새로운 아젠다를 만들어 내지 못했을 뿐 아니라 오히려 과거로 돌아가 '박정희 대 노무현'이라는 프레임 속으로 스스로 걸어 들어감으로써 불리한 구도를 자처하고 있는 상황이었다.

게다가 각 지역 야당의원들의 태도에서도 정권교체의 의지가 별로 느껴지지 않았다. 야당의 외연을 넓히고 정권교체의 불씨를 확대하려면 자신의 기득권을 내려놓고 지역적 힘을 만들어 가는 정치가 있어야 하는데 단지 후보에게 눈도장만 찍으려 한다는 느낌이었다.

나는 정말 눈물이 났다. 이렇게 또 5년을 암흑시대로 있어야 하나? 변화에 대한 노동자들과 국민들의 요구는 절실한데 정치권은 이렇게 한가한가? 우리는 그동안 평생 진보운동을 해오면서도 오로지 정권교체를 위해 안철수 후보와 손잡고 여기까지 왔다. 그리고 정권교체를 위해 후보를 양보하고 문재인 후보를 지원하고 있다. 그런데 정작 가장 앞장서서 목숨을 걸고 싸워야 할 장수와 선수들은 도대체 얼마나 치열하게 전쟁에 임하고 있는 것인지 답답해서 죽을 지경이었다.

드디어 선거 당일. 우리는 인사동의 한 음식점에서 모였다. 그동안의 노고도 치하할 겸 인사동의 한 식당에 다들 모여 출구조사 방송을 기다리고 있었다. 6시 정각이 되자마자 각 방송사들은 출구조사 결과를 발표했다. 방송사들마다 약간 엇갈리기는 했으나 문재인 후보의 우세를 점치는 방송사는 YTN 한 곳뿐이었다. 개표가 시작되고 시간이 흐를수록 조금씩 패색이 짙어 갔다. 우리는 오후 9시쯤 자리를 파하고 귀가했다. 게임은 끝났다. 서로에게 힘을 내자고 소리치고 악수하고 부둥켜안고 등을 두들기면서 짐짓 과장되게 씩씩한 척하긴 했지만 종로에서 쓸쓸히 집으로 돌아가는 발길이 무거웠다.

이제 우리는 5년의 암흑기를 보내야 한다. 과연 우리에게 어떤 희망이 있을까? 초겨울 서울의 밤은 더 춥고 어두웠다. 그래도 마음 한구석에 조그마한 불씨는 아직 남아 있었다. 우리에게는 시간이 있고 기회가 있다. 5년의 시간 동안 더 치열하게 준비하라는 역사의 명령이라면 더 겸허히 받아들여야 한다. 그러나 마음 한 쪽의 공허함은 숨길 수 없었다.

오랜만에 집에 돌아와서 아내와 맥주를 했다. 아내는 물었다. 앞으로 어떻게 되는 거야? 나는 독백처럼 중얼거렸다.

'글쎄… 누가 알겠어?'

부산에서 태어나 부모님의 사랑 속에 책과 친하게 지낸 어린 시절. 대학에 들어와 '광주사태'에 충격 받아 학우들과 교내에 유인물을 뿌렸다. 온갖 고문과 감옥 생활을 겪으며 '인간'에 대해 생각하고 또 생각했다. 억압받는 노동자와 함께 살자는 그때의 결심은 흔들리지 않았고 그 길에서 아내와 좋은 동지들을 만났다.

제2부

다시 나를 돌아보며

세상의 맛 ✳

'세계'와 '나'를 구분하는 자의식조차 뇌의 기만이라면
우리는 이 감옥에서 어떻게 탈출할 것인가?

대통령선거는 문재인 후보의 패배로 끝났다. 안철수 전 후보는 기약 없이 미국으로 떠났다. 우리는 다음을 기약하며 어떻게 할 것인가를 모색해야 했다. 나는 30년 동안 하루도 쉬지 않고 달려왔다. 공백기가 없었던 셈이다. 그런 사이 어느덧 나이도 오십대를 넘어 이제 흰머리도 꽤 생겼다. 나는 생각도 정리할 겸 혼자 부산으로 향했다. 어머님의 산소도 다녀오고 어린 시절 내가 살던 곳도 다시 가 보았다.

나는 부산 서면에서 1961년 음력 6월 22일 아버지 이학찬과 어머니 서춘순 사이에서 3남 중 둘째로 태어났다. 평양에서 고등학교를 다니다 6.25전쟁 통에 남쪽으로 피난 와서 군인생활을 하던 아버지와 재일

교포로 해방되자 부산으로 와서 살던 어머니는 아버지의 하숙집 아주머니 중매로 만나게 되었다고 한다.

내가 기억하는 첫 장면은 따뜻한 햇살이 비치는 골목길에 앉아 있던 기억이다. 믿기 어려울지 모르지만 한 살도 되기 전이라 생각되는데 지금도 너무나 선명히 떠오른다. 골목은 그냥 흙바닥이었고 내 앞에 약간 구멍이 패어 있었다. 그리고 부러진 은빛 숟가락이 있었다. 나는 그 숟가락을 들고 흙을 퍼서 입으로 가져갔다. 흙의 맛은 내가 기대했던 맛이 아니었다. 처음 맛보는 혼란스러운 맛에 얼굴을 찌푸리고 뱉어 내는 순간 어떤 소녀가 나를 번쩍 들어 집으로 데리고 들어갔다. 아마도 나를 돌보던 동네 소녀들이 자기들끼리 수다를 떨고 있던 사이 엉금엉금 기어서 골목으로 탈출했던 것 같다. 그것이 내가 세상에서 처음 겪었던 쓴맛이었다.

두 번째 기억 역시 자의식과 연관되어 있다.

어머니가 나를 업고 부산 서면시장에 갔다. 지금도 큰 시장이지만 그때 내 기억으로는 엄청나게 혼란스러운 세상이었다. 나는 뭣 때문인지 계속 칭얼거렸고 참다못한 어머니가 나를 둘러업으면서 조용히 하라고 야단쳤다. 어머니의 꾸중을 듣고 내가 생각한 것은 '왜 내가 계속 칭얼대고 있지? 별로 그럴 일도 없는데……'라는 것이었다. 그래서 칭얼대는 것을 멈추고 조용히 엄마 등에 업혀 있었다.

▲ 네 살 무렵

처음 세발자전거를 선물 받아 득의만만한 표정으로 집마당에서.

그때 나는 두 가지 충격을 받았다. 하나는 엄마와 나는 서로 다른 존재라는 것이다. 그전까지는 엄마와 나는 배 속에 하나였듯이 하나였다. 울면 달래 주었고 배고프면 젖을 주는 어머니의 존재와 나는 서로 한 몸이었는데 그 일로 엄마도 화를 내는 존재이고 나와는 서로 다른 객체라는 자각이 생긴 것이다. 둘째는 어머니의 짜증으로 나 스스로 내가 왜 이유도 없이 칭얼대고 있을까라는 일종의 자의식이 싹튼 것이다. 나는 어렸을 때부터 또래에 비해 성숙하다는 말을 많이 들었는데 이렇게 일찌감치 발달한 자의식이 스스로를 자꾸 돌아보게 했기 때문일 것이다.

그런데 왜 이런 기억들이 유독 선명할까? 그것은 내가 항상 고민해 왔던 삶의 의미와 연관되어 있었다. 나와 세계, 나와 엄마를 분별하는 '나'에 대한 자각, 즉 '나'를 분별하는 분별심이 최초로 생긴 것을 기억하는 것은 그만큼 당시의 기억이 강렬했다기보다 끊임없는 존재의 의미를 생각하는 과정에서 과거의 기억이 떠오른 것이다.

대학 시절, 나는 고문을 통해 국가의 폭력성을 알게 되었다. 만일 내가 저항을 하지 않고 그냥 보통사람들처럼 세상에 적당히 타협했다면 그런 폭력성은 깨닫지 못했을 것이다. 다른 평범한 사람들처럼 '국가는 전체 국민을 위해 봉사하는 친절한 아저씨'라는 미망에 여전히 갇혀 있었을 것이다. 나는 그런 보통의 삶을 '세상의 표면 위를 부유하는 거품과 같은 삶'이라고 생각했다. 그러나 거품 같은 삶이라고 해서 꼭 나쁘다고 봐야 하나?

　성공회대 김용호 교수가 쓴 책을 보면 아인슈타인은 "인간존재는 우리가 우주라고 부르는 전체의 일부이다. 그런데 그는 자기 자신을 자기의 생각과 감정을 나머지 다른 것들과 구분된 어떤 것으로 경험한다. 이는 그의 의식이 일으키는 일종의 시각적 기만이다. 이 시각적 미혹은 우리에게는 일종의 감옥이 되었다."라고 말한다. 결국 '나'라는 자각이 싹튼 것 자체가 '세계'와 '나'를 분별하는 분별심이 생긴 것인데 이조차 뇌의 기만이라면 우리는 이 감옥에서 어떻게 탈출할 것인가? 다시 말해 거품 같은 삶과 거품이 아닌 삶의 차이는 어디에 있는가? 나중에 다시 이야기하겠지만 이것은 나의 평생 화두가 되었다.

부산 하얄리아부대 앞 개구쟁이들 *

『젊은 베르테르의 슬픔』에 가슴이 흔들린 책벌레 애늙은이

나의 유년 시절 중 가장 즐거웠던 추억은 초등학교 시절이다. 미군이 주둔해 있던 하얄리아부대 앞 골목길은 개발이 멈춘 채 50년 전의 모습이 그대로 남아 있다. 두 사람이 간신히 비껴 지나야 하는 좁은 골목길, 그 길 사이로 올망졸망한 집들이 다닥다닥 붙어 있던 그 골목길을 지금도 부산에 가면 혼자서 찾아가곤 한다. 집들의 내부구조는 바뀌었지만 외양은 크게 바뀌지 않아 편안해지기도 하지만 한편으로는 안쓰럽기도 하다. 50년 가까이 발전이 없었다는 이야기도 되기 때문이다.

내가 다녔던 성지초등학교도 운동장은 반으로 줄었지만 그 자리 그

대로 서 있다. 초등학교 시절을 생각하면 지금도 저절로 입가에 미소가 번진다.

처음 학교 가던 날 매서운 겨울바람이 불었다. 학교 앞은 황량한 벌판이었고 세찬 바람에 갑자기 숨이 막혔다. 나는 가던 길을 멈추고 돌아서서 다시 집으로 돌아왔다. 어머니가 놀라서 왜 다시 왔냐고 물으셨다. 나는 손짓발짓으로 '가는데 바람이 너무 불어서 숨이 막혀 다시 돌아왔다'고 했다. 어머니는 웃으시며 내 손을 잡고 학교로 데려갔다. 그때 어머니가 나를 보고 웃던 그 표정이 지금도 선연하다.

우리 집 앞에 있던 하얄리아부대는 이제 시민공원으로 바뀌었지만 어린 시절 그 부대는 뭔가 알 수 없는 미지의 세계였다.

집 앞에 여관이 하나 있었는데 하루는 경찰이 출동하고 난리법석이 났다. 사연인즉 미군이 자신과 동거하던 한국 여자를 칼로 찔렀다는 것이다. 여관 주인이 핏물로 벌건 양동이를 들고 계단을 내려오던 기억이 난다. 흑인이었던 그 미군을 경찰이 데려간 후 칼에 찔린 여인은 창백한 얼굴로 양쪽에서 부축해 계단을 내려왔다.

그때는 별로 볼거리가 없던 시절이어서 그런 사건은 동네 꼬마들에게는 한동안 흥미 있는 화젯거리가 되었다. 왜 미군이 여자를 찔렀는지는 알 수가 없었다. 어른들은 쉬쉬 하면서 아무 말도 해주지 않았고 우리는 한동안 이리저리 추측하다 나중에 시들해졌다. 물론 지금도 이유는 알지 못한다. 단지 그 여인의 약간 나이 들어 보이는 창백한 얼굴, 염색한 노란머리, 짧은 청반바지 같은 디테일한 것들이 기억난다. 지금이야 무슨 사연이 있겠거니 하지만 당시에는 미국 놈이 한국 여자를 괴롭혔다는 막연한 애국적 감정으로 입에 거품을 물고 분개하기도 했다.

또 하나 대사건(?)이 있었다. 우리 집 앞으로 육영수 여사가 지나간다는 것이었다. 동네 사람들이 다 나와서 길옆에 도열하듯 줄을 섰는데 육영수 여사가 탄 차가 서서히 우리 앞으로 지나갔다. 나는 열린 자동차 창문을 통해 인자한 어머니 같은 인상의 육영수 여사를 보았다. 우리는 다들 신나서 서로 육 여사 얼굴을 보았다고 좋아했다.

집에는 작은 다락방이 있었다. 그 다락방에는 옥상으로 통하는 문이 있어서 여름이면 밖에 나와 별을 보면서 동네 유일한 불알친구였던 종경이와 라디오를 듣곤 했다. 어릴 때 나는 책을 무척 좋아해서 닥치는 대로 책을 빌려다 읽었다. 동네 친구들 집에 있는 책들을 다 보고 수소문해서 동네 대학생 형에게도 책을 빌렸다.

한번은 대학생 형이 "『젊은 베르테르의 슬픔』이라는 책인데…… 네가 읽기는 좀 어려울 텐데…… 볼래?" 했다. 나는 자존심이 상해서 어려우면 얼마나 어려울까 하고 빌려달라고 했다. 그런데 그 책은 나에게 강한 인상을 주었다. 감수성이 예민한 시절 이룰 수 없는 사랑 이야기는 얼마나 가슴을 흔들어 놓는가!

그 이후 책 읽는 수준은 점점 높아져 거의 모든 장르를 섭렵하고 있었다. 그 결과 너무 조숙하다 못해 달관의 경지(?)에 들어 친구들 사이에서 내 별명은 '할아버지'가 되었다. 심지어 어머니조차도 나를 '애늙은이' 혹은 '뱃속에 구렁이가 아홉 마리 들었다'는 등 이상한 인물평을 하곤 했다.

아직 초등생인 나로서는 참 곤혹스런 일이었다. 초등학생이 할아버지란 별명을 얻는 것은 좀 억울하다고 생각한 나는 초등학교 6학년 올라가면서 좀 '수준을 낮추자'고 마음먹었다. 그래서 성경진, 박해일 등 6명의 친구들과 패거리를 지어서 부산 서면 일대를 온종일 쏘다녔다. 그래봤자 시장을 돌아다니면서 짜장면을 사먹는다든지 모여서 야구나 축구를 한다든지…… 교실에서 떠드는 아이들을 뒤로 불러서 혼을 낸다든지…… 뭐 그런 사소한 것들이었지만, 그때는 친구들과 어울려 뭔가 약간 나쁜 짓도 하는 그런 것들이 커가는 과정이고 초등생에게 어울리는 거라는 그런 생각을 하면서 뿌듯해 했던 느낌이 떠오른다.

중앙중학교의 추억들 ✽

밤하늘의 별과 운명……

서면에 있던 중앙중학교는 당시 축구부로 유명했다. 우리가 공부할 때에도 축구부원들이 운동장에서 공을 차는 소리, 코치가 불어대는 호각 소리가 요란했다. 축구부원들 중에 우리 반 애가 하나 있었는데 수업시간에는 뒤에서 졸다가 선생님께 혼나곤 했다.

선생님 중에서는 국어를 가르치신 최여운이라는 여선생님이 생각난다. 한번은 수업 중 박정희 대통령을 강하게 비판하셨다. 고속도로 만들면서 많은 노동자들이 희생되었고 그런 노고들을 무시하고 도로만 생겼다고 좋아하면 안 된다는 취지의 이야기였다. 그냥 신문방송에서 떠드는 이야기만 듣고 자란 나에게 그것은 뭔가 다른 맥락…… 그러나 신선한 충격이었다.

나는 점점 더 과묵해졌다. 학교수업이 끝나면 도서관에 들러 책을 읽었다. 초등학교와는 달리 중학교 도서관은 읽을 책들이 산처럼 쌓여 있었다. 책을 골라 읽다가 저녁 늦게 운동장을 가로질러 나올 때면 하늘의 별들이 드문드문 나를 지켜보고 있었다. 나는 머나먼 우주의 별들을 여행하는 꿈을 자주 꾸었다. 그리고 그 막막한 우주에서 지구에 살고 있는 우리는 어떤 존재인가를 반문했다. '우주의 끝은 어디일까?'라는 주제로 친구들과 끝도 없는 토론을 자주 했다. 그러나 친구들은 이런 의문에 별로 관심이 없었기에 대부분 이런 토론은 짧게 끝나 버렸지만 나는 그러지 못했다. 생각하면 할수록 뭔가 엄청난 비밀이 숨겨져 있는 것 같았다. 인간의 지혜로 알 수 없는 일이 있다는 것이 이해되지 않았다.

중학교 때는 이런 질문이 우주공상과학영화와 연결되어 광적인 SF 영화광이 되었다. 현실 속의 나는 4차원 공간과 연결되어 또 다른 '나'가 존재하고 있다는 공상도 많이 했다. 집으로 갈 때 가끔 다른 길을 택해 가곤 했다. 다른 차원을 느껴 보기 위해서…… 약간 유치해 보이는 이런 공상은 그러나 나중에 민주화운동으로 구속되고 고문당하면서 완전히 다른 실존적 고민과 연결된다.

이런 학창 시절 속에는 한참 세월이 흐른 뒤에야 만나게 된 안철수 의원도 있었다. 반이 달라 서로 친구로 사귀지는 못했지만 아마도 도

안 철 수   이 수 봉

▲ 중학교 앨범 속의 안철수와 나

중앙중학교 3학년 까까머리 시절의 안철수와 나. 이때는 반이
달라 서로의 존재를 몰랐지만 밤하늘의 별처럼 만날 운명이었
나 보다.

서관에서 서로 다른 자리에 앉아 있었을 것이다. 나중에 들어 보니 안 철수 의원도 하늘의 별과 자신의 운명에 대해 깊은 생각에 빠진 적이 많았다고 했다. 우리 사춘기 중학교 시절의 공통점은 하늘의 별이었 을까?

호랑이 체육선생님과 한판 뜨다 *

반역의 기운?

오십대에 접어들면서 갑자기 고향 친구들이 보고 싶어졌다. 사람이 나이 들면 점점 고향으로 돌아가고 싶어진다는 말이 사실인 것 같다. 고등학교 동창회에 생전 처음으로 얼굴을 내밀어 보니 친구들이 반갑게 맞아 주었다. 대학교를 졸업하자마자 노동운동한답시고 현장으로 간 까닭에 일반인들이 하는 어떤 인간적 교류도 하지 못했고 친구로서의 도리도 못했기에 미안한 감도 있었지만 옛 친구들은 나를 따뜻하게 맞아 주었다.

남구 문현동에 있는 배정고등학교를 다니면서 김영산, 표정수, 김용희, 홍영락, 윤봉수와 나 이렇게 6명은 항상 붙어 다녔다. 그들은 나를 보자마자 '수봉이는 다른 사람이 안 가는 그런 길을 갈 거라고 다 짐작

▲ 고등학교 단짝 친구들과 함께

설악산으로 수학여행 가던 기차에서 여섯 명의 단짝들……. 왼쪽부터
홍영락, 김용희, 윤봉수, 김영산, 그리고 나. 표정수는 사진을 찍느라 빠
졌다.

하고 있었다.'고 했다. 내가 놀라서 어떻게 그렇게 생각했느냐고 하니 내가 까맣게 잊고 있던 한 가지 일화를 들려주었다.

고3 때였던 것 같다.

호랑이 선생님으로 유명한 체육 과목 이시우 선생님이 있었다. 하루는 이론 시간이어서 교실에서 수업을 하는데, 선생님께서는 '전쟁에 이기기 위해서는 머리보다는 몸이 더 강해야 한다.'는 요지의 말씀을 하셨다. 나로서는 도저히 이해가 안 되는 논리였다. 손을 들고 질문했다.

"과학기술이 발달해서 버튼 하나로 대량의 적을 살상할 수 있다면 그런 기술을 가진 쪽이 이기지 않겠습니까? 그런 상황에서 몸이 튼튼한 것으로 전쟁에 이길 수 있습니까?"

이렇게 시작된 토론, 정확히 이야기하면 토론을 빙자한 고성을 동반한 기싸움이 수업시간을 훌쩍 넘겨 한참을 더 이어졌다. 담임선생님이 종례하기 위해 왔다가 토론하는 것을 보고 돌아간 것이 무려 세 번이나 되었다.

토론은 호랑이 선생님과 나 사이에 한 치도 물러섬 없이 진행되었다. 화가 난 선생님은 칠판에 분필을 부러뜨려 가면서 나를 꺾으려고 했지만 나도 끝까지 나의 주장을 굽히지 않았다. 나중에 결국 도저히 시간이 안 되어 그냥 마무리했지만 친구들은 호랑이 선생님이 나중에 폭력을 행사하지 않을까 많이 무서웠다고 했다. 그때는 학교에서 체벌이 일상사였으니 그럴 만도 했다.

영산이 말에 따르면 그때 이미 뭔가 다른 사람과는 다른, '반역의 기운(?)'이랄까 그런 것이 있었다는 것이다. 사실 그런 것 같기도 하지만 지금 생각해 보면 그때 호랑이 선생님께서 건방지게 대드는 나를 쥐어박지 않고 끝까지 말로 끝내 주신 것에 대해 감사한 마음이다. 어쩌면 그런 분위기가 협박에 굴하지 않는 내 기질을 강화시켜 주었을지도 모른다.

선생님, 감사합니다!

나의 짧았던 청춘 시절 *

사람들이 이렇게 죽어 가고 있는데 너희들은 도대체 뭐하고 있는 거지?

처음 학력고사를 쳤을 때 별로 만족할 만한 성적이 나오지 않았다. 부산대 영문과 80학번이 되었지만 두꺼운 셰익스피어 원서를 보고 공부가 지겨워졌다. 그런데 79년 부마항쟁에 이어서 80년 '서울의 봄'은 부산도 예외가 아니어서 대학 신입생 시절은 거의 수업이 진행되지 못했다. 학교 앞은 온종일 최루탄으로 자욱했고 우리는 하릴없이 시내를 싸돌아다니는 나날이 이어졌다. 대학생활이 기대와 달라 다시 재수를 결심하고 이듬해 고려대 사회학과에 지원하여 합격했다. 대학을 가자마자 처음 가입한 동아리가 문학연구회였다.

어렸을 때부터 남들보다 자신 있는 일이 두 가지 있었는데 하나는 글쓰기였고 또 하나는 미술이었다. 그림은 고3 때 미술 선생님이 미대

▲ 고려대학교 입학식날

1981년 고려대 교정에서 푸른 꿈을 가득 안고 가족들과 함께. 왼쪽부터
이모, 조카 희정이, 어머니와 외사촌누나 최성희.

로 진학하라고 강하게 권하셨는데 담임선생님의 만류로 결국 인문계로 진학할 만큼 미련이 많이 남아 있었다. 글을 쓰고 그림을 그릴 때만큼은 나는 세상에서 가장 행복한 아이였다. 그런 나였기에 자연스럽게 문학과 관련된 동아리에 들어갔는데 들어가고 보니 바로 소위 '운동권' 동아리였다.

그때 같이 들어간 신입생으로는 이범재, 김진희, 김종각, 최세자 등이었는데, 전공은 달랐지만 다들 문학에 관심이 많았다. 우리는 하루가 멀다 하고 모여 토론하고 학교 앞에서 막걸리를 마시며 청춘의 낭만을 즐겼다. 그러나 그런 와중에서도 뭔가 모를 애잔한 슬픔의 정조가 흐르고 있었는데 그것은 지금 생각해 보면 사회적 분위기 때문이었다.

당시 우리 동아리의 분위기는 일방적인 논리를 주입하는 다른 운동권 동아리 분위기와는 달랐다. 나름대로 매우 독창적인 세계관을 가진 선배들이 많아서 이영미, 황정산, 박종혁, 조영철 선배 등이 치열하게 균형 잡힌 논리를 유지하려고 애를 쓰고 있었다.

나에게 가장 큰 충격을 준 것은 '광주사태'였다. 1981년 4월쯤이었을 것이다. 교정에 진달래가 아찔하게 필 무렵 나는 도서관에서 5·18의 진상을 기록한 글을 읽고 있었다. 그것은 전두환 군부독재가 광주시민들을 학살하는 과정에 대한 기록이었다. 사건의 진실성은 의심할 수 없었다.

나는 충격과 공포 그리고 분노에 휩싸였다. 두렵기도 했지만 분노의 감정이 더 컸다.

어떻게 이럴 수가 있을까?

사람을 이렇게 학살한 집단이 어떻게 저렇게 떡하니 정권을 잡고 나라를 통치하고 있을까?

그리고 이런 엄청난 사태에 대해 사람들은 어떻게 모른 척하고 자기 살길만 찾고 있을 수 있을까?

학생회관에서 도서관으로 가는 길에 갑자기 내가 딛고 있는 땅이 흔들리는 느낌이 들었다. 그리고 도서관이 무너지는 환영이 보였다. 앞에 걸어가던 두 학생들 사이에서 토플이 어떻고 취업이 어떻고 하는 이야기가 들렸을 때 갑자기 달려들어 잡아채고 묻고 싶었다.

"사람들이 이렇게 죽어 가고 있는데 너희들은 도대체 뭐하고 있는 거지?"…….

폭풍 속으로 ✳

1982년 4월 15일 - "군부독재를 타도하자!"

그러나 그럴 수 없었다. 나 또한 무서웠고 나만 바라보고 있는 부모님이 있었다. 사회의 숨겨진 비밀과 작동과정을 알면 알수록 갈등은 심해졌다. 나는 문제를 회피하는 성격이 못 되었다. 점점 더 폭풍의 한가운데로 스스로 걸어가고 있었다.

그런 와중에 '고려대 109인 사건'이 일어났다. 문무대란 남자 대학생들이 군에 입소해 일주일 정도 군사훈련을 받는 과정인데, 고려대 81학번이 입소했을 때 사단이 생겼다. 당시 군이 사회를 무력으로 통치하고 있었기 때문에 군부에 대한 반감이 극에 달한 상태였다. 학생들이 이런 군부의 군사훈련에 고분고분 응할 리 없는 상황이었다. 아니나 다를까 고려대생들은 문무대에 입소하자마자 교관들의 지시를 거부하고 연병장에서 연좌농성을 벌이기 시작했다. 사격장에서 교관이 한 학생에게 체벌을 가하려고 하자 정웅정이란 학생이 교관에게 이단옆차기를 하면서 충돌이 생겨 서로 폭행하는 사태까지 발생했다. 결국 통제에 실패한 군 당국은 나중에 가장 극렬했던 109명을 강제징집하기에 이르렀다. 이 사건이 고려대 109인 사건이다. 서슬 퍼렜던 전두환 군부독재 시절, 광주 시민을 학살한 1980년에서 1년도 지나지 않아 군부대 안에서 거의 폭동에 가까운 학생들의 저항이 일어났던 것이니 군부에서는 그냥 넘어갈 수 없었던 것이다.

1982년 봄 개강했을 때 그런 강제징집에 대한 소식이 알려지자 분위기는 점점 험악해지기 시작했다. 3월 초 주은경, 박병우, 길기관 세 학우가 도서관 앞에서 기습시위를 벌였다. 나는 그때 강의실에서 유동우의 『어느 돌멩이의 외침』이라는 책을 읽고 있었다. 그때는 노동 현장 역시 지옥 같은 노동에 시달리고 있던 때였다. '정말 한심한 세상이군.' 이런 생각을 하고 있던 때, 갑자기 창문 밖에서 어떤 학우가 유인물을 강의실 안으로 던졌다. 놀라서 나가 보니 사람들이 몰려가는 것이 보였고 도서관 앞에 도착하니 내가 아는 그 세 친구들이 스크럼을 짜고 빙빙 돌고 있었다. 그때는 기관원들과 사복 전경들이 교내에 상주하던 때라 다른 학우들도 겁먹고 쉽게 합류하지 못하고 있는 상태였다.

나는 잘못하다가는 저 사람들만 다치겠다는 생각이 들었다. 순간 두렵지만 몸은 이미 그들의 어깨에 팔을 걸고 있었다. 지금 생각해 보면

▲ 고대 민주열사 합동추모제에서 반백의 벗들과 함께 묵념

81년 고대 문무대사건으로 끌려갔던 학우들이 30여 년이 지나
다시 만났다. 다들 머리는 희끗하고 배는 나왔지만 고대 교정
에 세워진 강제징집희생자 진혼비 앞에서 먼저 간 학우들을 생
각하며 묵념했다. 2015년 6월 20일.

참 대견하다는 생각이 든다. 나는 스스로 겁이 많은 사람이라고 생각했는데 그런 상황에서 그렇게 할 수 있다는 것은 아마도 뭔가 나의 본성을 넘어선 사회적 에너지가 나에게 스며들었기 때문일 것이다. 도서관에서 학생회관까지 행진해 갔지만 다행히 나는 연행은 피할 수 있었다.

나는 다음 날 바로 3층 동아리방에서 안면이 있던 몇몇 친구들을 모았다. 강영식, 백홍, 이재선이 그들이다. 이제 갓 2학년이 된 우리들은 피는 뜨겁지만 어떻게 해야 할지를 몰랐다. 나는 이들과 의논하면서 '이제 우리가 가만있을 수는 없다. 학우들은 억울하게 강제로 군대 끌려가고 친구들은 잡혀가고 있다. 우리가 청년들을 규합해서 독재정권과 맞서 싸우자.'라고 의견을 모았다. 우리는 가장 먼저 할 일로 학우들에게 군부독재의 부당함을 알리는 일부터 실행하자고 결의하고 한 달에 한 번 유인물을 만들어 뿌리기로 했다. 그래서 일단 4인이 모든 일을 진행하기로 하고 등사기를 구해 학교 인근 유니온 호텔에서 군부독재정권을 규탄하는 성명서를 밤새 만들었다. 1982년 4월 15일 새벽, 우리 넷은 지역을 분담해 성명서를 학교 곳곳에 뿌렸다. 그런데 나중에 알고 보니 공교롭게 이날이 북한 김일성의 생일이기도 해서 경찰들에게 더 두들겨 맞는 빌미가 되기도 했다.

그런데 거사를 앞두고 나는 이것이 우리의 단독행위이기 때문에 선배들 중 누군가 한 사람은 알고 있어야 한다는 생각을 했다. 일종의 질서가 있을 텐데 약간의 교통정리가 필요하지 않을까 하는 막연한 생각으로 당시 가장 고참이었던 선배에게 거사 사실을 알렸다. 그런데 공교롭게도 이 선배가 경찰에 잡혀가 모진 고문을 받으면서 우리 사건을 실토하게 되었다.

4월 26일 밤, 서울 길음동 친척집에서 자취를 하고 있던 나는 귀가하던 중 집 앞에서 기다리던 경찰에 연행되었다. 성북경찰서에 도착하자마자 기다리고 있는 것은 수십 명의 사복경찰이었다. 나를 가운데 두고 마구 폭행을 하는 것은 기본적으로 기를 꺾는 수법이었다. 나보다 키가 작은 한 형사는 나를 올려다보면서 "10년 후에 죽도록 패주겠다."라고 말했다. 경찰서 안에서의 고문은 잔인했다. 통닭구이, 발고문, 물고문 등 어린 학생들에게 도저히 할 수 없는 짓들을 아무렇지도 않게 했다.

나중에 〈변호인〉이란 영화에서 어린 학생이 고문당하는 광경을 보면서 나도 모르게 눈물이 주체할 수 없이 나왔다. 그는 고문 후유증으로 정상적 생활이 불가능하게 되는 것으로 나오는데 실제로 그런 고문은 인간에게 깊은 상흔을 남긴다.

고문의 기억 *

고통은 몸에 새겨진다

나에게는 이런 고문이 어떤 트라우마를 남겼을까? 특이한 것은 고문의 상처는 자신도 모르게 몸속에 각인된다는 점이다.

한번은 결혼 20주년인가 돼서 보라카이라는 해외 휴양지에 간 적이 있다. 바다에서 스노클링을 하는데 나는 자신이 있었다. 수영도 잘하고 해서 산소통을 매고 바다에 들어가는 것쯤은 아무렇지도 않을 거라 생각했다. 처음에는 오히려 내 아내가 더 무서워했다. 그러나 막상 물속에 들어갔을 때 나는 공포에 질렸다. 산소통으로 호흡을 하는데도 내내 질식할 것 같은 공포로 몸이 굳어져 움직이기 힘들었다. 억지로 참으면서 다시 배 위로 올라왔지만 너무나 당혹스러웠다. 영문을 모르는 아내는 나를 놀렸다.

그날 나는 깨달았다. 물고문의 공포가 내 뼛속 깊이 새겨져 있다는 것을…… 풀장에서 잠수하는 것은 내 의지로 조정 가능하지만 물속에 산소통을 메고 원주민이 나를 통제할 때는 전혀 다르다는 것을…… 물로 숨이 막혀 죽을 것 같은 고통을 겪은 사람은 그 흔적이 머리가 아니라 몸속에 남는다는 것을 나중에야 깨달았다.

고문과 실형의 경험은 몸이 아니라 성격에도 영향을 미친다. 나는 고등학교까지는 무척 감성적인 편이었다. 그러나 고문을 받고 실형을 살고 난 후 사람과의 관계에서 다소 거리를 두는 경향이 생겼다. 언제 죽을지 모르는 사람으로서 다른 사람에게 상처를 주지 않기 위해서는 너무 친해서는 안 된다. 친한 사람이 죽었을 때 그 사람이 받는 마음의 충격을 생각하면 거리를 두어야 한다는 방어의식까지 생겼다.

나를 포함한 우리 민주화운동 세대들은 80년대를 지나면서 지금으로서는 상상하기 힘든 시대를 살았다. 언제든 끌려가서 흔적 없이 살해될 수 있다는 공포감은 자신은 물론이고 스스로의 존재를 최대한 가볍게 해야 한다는 강박관념을 낳았다. 지금 생각해 보면 그 역시 정권의 부당한 폭력이 낳은 정신적 외상에 해당할 것이다.

그러나 어쩌면 그런 경험은 사회와 인간에 대한 더 깊은 성찰의 기회이기도 했다. 사실 나의 감옥 경험은 지옥 경험이었다. 경찰서에서 온갖 고문을 받다가 기소되어 구치소로 넘어갔을 때는 모진 매를 피할 수 있었기에 차라리 살 것 같았다. 그러나 보고 싶은 사람이 있는 젊은 청춘에게 감옥의 두꺼운 벽은 하루가 1년이었다. 한 달 가까이 밥이 넘어가지 않았다.

지옥은 불타는 화염 속에 있는 것이 아니라 관계가 단절된 고립 속에 있다. 나는 그런 지옥 같은 고통 속에서 살아 있어야 하는 이유에 대해 묻고 또 물었다.

일생을 관통하는 깨달음 ✳

생명현상을 박해하는 모든 것에 대해 저항하는 것이 생명의
속성이라면 생명현상을 북돋우는 것은 인간의 존재 의미이다.
내가 받은 고통을 다른 생명에게 주어선 안 된다.

나는 고통 속에서 그 고통을 극복하기 위한 질문을 절박한 심정으로 던졌다. '인간은 무엇이며 왜 사는 것일까?'라는 의문에서 출발하여 '자신의 생명을 희생하면서 해야 할 의미 있는 일이란 무엇일까?'로 이어져 갔다.

사람이 올바른 일을 하다가 어려움에 처할 수는 있다. 민주화운동으로 옥고를 치르는 일 등이 그렇다. 그러나 만일 그런 일에 자기의 소중한 생명을 잃어야 하는 상황이 온다면? 예를 들어 동지를 불지 않으면 죽이겠다고 협박했을 때 그때 자기 생명을 내놓을 수 있을까? 물론 그럴 수도 있을 것이다. 자기 생명보다 더 소중한 것도 있는 것이니까.

그런데 지금 질문은 가치관에 관한 것이다. 우주는 넓다. 그리고 지구는 그 너른 우주에 비하면 먼지 같은 존재다. 지구가 없어진다고 해도 우주에 어떤 문제도 없다. 그런데 인간은 이 먼지 속에 살면서 지지고 볶고 서로 미워하고 죽인다. 아니 스스로 어떤 이념을 세우고 그 이념을 위해 죽는다.

그러면 그 이념이란 것이 우주 차원에서 어떤 가치가 있는 것인가? 이것은 인생의 목표를 정하는 것, 즉 인간이란 무엇이며 나는 어떤 존재인지 그리고 어떻게 살아야 하는지에 대한 근원적 질문이다. 나는 고문과 감옥이라는 극한상황 속에서 이런 의문에 부딪쳤고 답이 없이는 한 발짝도 움직일 수 없다는 고민에 빠졌다. 일반상식에 기초해서 사회생활을 하는 것은 어려운 일은 아니다. 정치적 혹은 종교적 신념에 따라 사는 것도 할 수 있는 일이다. 그러나 자기의 온 생명을 걸고 우주론적인 가치를 물었을 때 나는 우주와 내 생명을 바꿀 만한 의미를 찾지 못하고 있었다.

몇 날 며칠을 오직 한 가지 화두만 붙잡고 쓰러져 있을 때 언뜻 놀라운 경험을 하게 된다.

지금도 생각난다. 독방에서 나는 따스한 한줌의 햇살을 느끼며 누워 있다. 창가에 작은 잡초이파리 하나가 바람에 흔들린다. 나는 눈을 감은 상태에서 그 흔들림을 느낀다. 잡초와 내가 하나로 연결되어 있는 것을 느꼈다. 내가 고통을 피하고 싶듯이 잡초도 마찬가지이다. 개미 새끼조차도 고통은 피하고자 한다. 내가 싫은 일을 다른 생명에게 하면 안 된다. 다시 말해 나와 개미는 어쩌면 하나이다.

선과 악의 기준은 생명에 대한 태도에서 갈라진다. 적어도 선을 위해 산다면 우주 만물의 생명현상에 대해 소중한 마음을 가지는 것이 중요하다. 그런 생명현상을 박해하는 모든 것에 대해 저항하는 것이 생명의 속성이라면 생명현상을 북돋우는 것은 인간의 존재 의미라는 결론에 이르렀다. 나는 벌레도 함부로 죽이지 않아야 한다는 불교의 가르침을 몸으로 깨달았다. 이것은 이후 나와 외부세계와의 관계에서 기본적인 태도가 되었다. "내가 받은 고통을 다른 생명에게 주어선 안 된다."

물론 우리는 산속의 은둔자가 아니라 세속의 인간이다. 자기 신념은 그 속에서 재구성될 수밖에 없다. 감옥에서 나갔을 때 나는 어떻게 살아야 하는가? 생명을 소중히 하는 삶이란 어떤 것인가? 나는 현재의 대한민국은 제도적, 구조적으로 노동자들을 억압하고 박해하는 사회라고 보았다. 그래서 인간으로서 죄를 짓지 않고 선하게 살기 위해서는 억압받는 노동자들과 함께 사는 것이 최소한 인간으로서의 도리라는 결론에 도달했다. 나는 감옥에서 노동 현장으로 갈 것을 결심하고 있었다.

감옥에서 출소하다 *

노동자로 일을 하면서 돈을 벌어 스스로 책임지는 삶을 사는 것이
다른 생명을 억압하지 않는 삶의 출발이다.

감옥에서 나오자 집안은 엉망이 되어 있었다. 부모님은 낙심천만이
었다. 명문대를 가서 집안을 일으킬 것이라 기대했던 아들이 빨간 줄
이 쫙 그인 전과자가 되어 왔으니 오죽하셨으랴. 형은 군대에 있어 잘
몰랐겠지만 동생 수민이는 예민한 고3 시절에 집안사정으로 방황을
많이 했다. 아버님은 일하던 가게까지 처분해서 앞으로 어떻게 살아야
할지도 막막한 상황이었다.

나는 바로 노동 현장으로 가겠다는 계획을 당분간 유보할 수밖에 없
었다. 나 때문에 이렇게 풍비박산이 된 집안에 대해 책임을 져야 한다
는 생각이었다. 아버님에게 현재 있는 돈을 다 달라고 말씀드리고 뭔
가 돈이 될 만한 사업들을 구상하기 시작했다.

그때 내가 할 만한 사업으로 영어학원이 있었는데 학원을 차리기에는 자본금이 턱없이 부족했다. 600만 원 정도 사업 밑천으로 할 수 있는 사업을 찾다가 당시 막 유행하기 시작한 갤러그라는 전자오락이 눈에 띄었다. 나는 부산대 정문 앞에 20여 대의 기계를 들여놓고 전자오락실을 차렸다. 당시 같이 놀고 있던 김병원이라는 고등학교 친구에게 매니저를 맡기고 시작했는데 그게 대박을 쳤다. 밤에 동전을 수북이 쌓아놓고 헤아리기 시작하는데, 하루에 10만 원 정도의 매상이 올랐다. 워낙 잘되어서 한 달 만에 2호점을 차렸다. 시작한 지 3개월 만에 자본금을 회수할 정도로 돈이 쌓이자 나는 학원을 준비하기 위해 강사들을 모집하기 시작했다. 미군부대가 있었기에 외국인 강사들은 어렵지 않게 찾을 수 있었다.

이렇게 차근차근 사업을 준비하고 있었지만 마음 한구석에는 과연 이것이 내가 갈 길인가 하는 회의가 계속 밀려왔다. 그러던 중 민청련 준비팀이 서울에서 내려오고 논의하던 과정에서 학교 선배들은 일단 내가 서울로 와서 현장 준비를 하는 게 좋겠다는 이야기를 했다. 고민하다가 부모님께 의논을 드리니 의외로 선선히 승낙을 하셔서 서울로 올라갔다.

일단 직장을 잡아야 했기에 같이 부산에 있던 이명식 선배에게 부탁해서 백산서당이라는 사회과학 출판사에 들어갔다. 이명식 선배는 항상 탁월한 식견으로 내 사고의 범위를 확장시켜 주던 선배였다. 영어나 일어 등은 어느 정도 했기에 몇 권의 책을 번역하고 기획을 하고 있는데 민주통일국민회의라는 재야단체에서 홍보팀 일을 해보지 않겠느냐는 제안이 들어왔다. 이 단체는 문익환 목사가 재야의 통일적 운동을 위해 만든 단체였는데 여기에 젊은 일꾼들이 필요하다는 것이었다. 나는 이명식 선배와 함께 이 홍보팀에 들어가서 기관지를 만들게 되었다. 당시 국민회의의 주요 지도부는 김근태, 장기표, 이부영, 이재오, 이해찬 등으로, 노선 논쟁이 치열한 상황이었다. 내가 쓴 글에 대해 빨간펜으로 교정을 보면서 "진정한 객관성은 없는 법이지."라고 말하던 장기표 선배의 표정이 지금도 생각난다.

그러나 재야운동만으로는 왠지 별로 잘 안 될 것 같은 느낌이 있었다. 당시 1984년은 대단히 엄혹한 군부독재 시절이었기에 이 독재체제를 깨기에는 재야인사들의 활동이 별로 미덥지 못했다는 것이 나의 솔직한 느낌이었다. 동시에 양김의 분열 역시 민통련에 알게 모르게 영향을 미치면서 뭔가 조직의 중심이 약하다는 느낌이 들었다. 한창 패기 넘치던 젊은 나로서는 이런 정도의 조직으로는 세상을 바꿀 수 없다는 생각이 강했다.

나는 계속 갈등했다. 감옥에서 내가 깨달았던 진리, 그리고 내가 나의 존재를 걸고 책임질 수 있는 진리는 적어도 '생명을 억압하는 삶을 살아서는 안 된다.'는 것이었다. 경찰서에서 벌레처럼 짓밟히던 그 기억은 거꾸로 나는 어떤 벌레조차도 함부로 대해서는 안 된다는 깨달음으로 다가왔다. 그것은 곧 세상 만물에 대한 한없는 사랑이 인간이라는 존재의 속성이라는 자각으로 발전하게 된다. 그런 깨달음에 충실한 삶의 방식은 무엇일까 하는 고민이 항상 있었다. 재야운동으로는 도저히 그런 삶을 살 수가 없다고 생각한 나는 일단 무조건 노동자로 일을 하면서 돈을 벌어 스스로 책임지는 삶을 사는 것이 최소한 출발이라는 생각이 들었다. 결국 나는 인천으로 가기로 하고 1984년 인천으로 이사했다.

인천에서의 공장 생활 *

야근할 때면 창백하게 빛나는 공장의 불빛…
한 사람의 노동자로 거듭 태어나다

1984년 겨울, 처음 노동 현장에서 일을 시작한 곳은 부천의 어느 보일러 공장이었다. 한 30명 정도가 얇은 철판으로 보일러를 만들었는데 나는 용접이 서툴러서 프레스공으로 일을 하기 시작했다. 하루에 한 번 피를 보지 않으면 안 되는 험악한 현장이었다. 날카로운 칼 같은 철판들이 곳곳에 쌓여 있고 철판을 찍어 내는 프레스는 안전장치가 없어 조금만 방심하면 손가락이 날아갔다.

이후 인천의 많은 사업체들을 전전했다. 얼핏 보기에도 위장취업자 같은 느낌을 주는 생김새여선지 대기업에는 번번이 면접에서 잘렸다. 그래서 어쩔 수 없이 중소규모 하청업체들을 계속 떠돌았는데, 용접, 프레스, 취부, 주물, 유리섬유 등 거의 모든 업종을 섭렵했다. 내 경험으로는 일 중에서 제일 힘든 일은 주물이고 제일 위험한 일은 유리섬유 업체였다. 유리섬유는 호흡을 통해 폐로 들어가면 암을 일으킨다. 우리가 일할 당시에도 그런 소문이 있었으나 마스크도 없이 그냥 일했다. 그때 현장에서 폐암으로 입원한 동료가 있다는 이야기는 들었지만 회사가 모른 척해서 말들이 많았다. 그들은 지금 어디서 어떻게 살고 있는지…….

주물공장은 정말 일이 힘들었다. 서구 경서동에 있던 주물단지에서 7개월 정도 일을 했는데 뜨거운 쇳물을 붓는 공장은 내부 열기가 섭씨 60도에 육박한다. 아무리 더운 여름날에도 공장 밖으로만 나오면 오히려 시원했다. 게다가 무거운 주물을 옮기다 보면 허리를 다치는 일이 다반사였다. 시골에서 갓 올라온 건장한 사람이 사흘 일하다가 갑자기 비틀거리고 눈이 풀리면서 "아이고, 저는 더 이상 못하겠습니다."라면서 들고 있던 삽을 내던지고 나가던 모습이 생각난다.

용접 취부 일을 할 때는 큰 빌딩 건설현장으로도 가끔 파견 나갔는데 당시 을지로에 있던 쁘렝땅백화점 건물 28층의 회전계단이 우리가 만든 작품이다. 같이 간 동료와 둘이서 골조만 서 있는 28층 건물 비계에 기대어 밖을 보다가 갑자기 소리 없이 내려오는 엘리베이터에 머리가 깔리기 직전 내가 그 친구의 목덜미를 잡아채면서 같이 뒤로 넘어졌다. 하마터면 목숨을 잃을 뻔했던 그 친구는 지금 잘 살고 있는지 모르겠다.

당시 인천제철의 하청업체인 대성공업에 용접사로 들어갔을 때는 정말 험한 일을 많이 겪었다. 한번은 서 있던 쇠기둥이 쓰러지면서 내 발등을 찍는 바람에 응급실로 실려 갔다. 너덜너덜해진 엄지발톱을 의사가 집게로 쑥 뽑아버리던 기억이 난다. 그런 위험한 현장에 안전화도 지급되지 않았는데, 내가 다친 이후로 전체에게 안전화를 지급했다.

인천제철에 들어가서 하는 일은 더 위험했다. 대개 어렵고 힘든 일만 하청 노동자에게 맡기기 때문이었다. 한 10여 미터 높이에서 집진기를 연결하고 용접하는 일은 거의 곡예를 방불케 했다. 비계에 매달린 채 구멍을 뚫어 맞추어야 했는데, 지금 생각해도 아찔하다. 오래된 공장이라 땅바닥에는 쇳가루가 쌓여 있었기에 비라도 오면 땅에서 전기가 흘러 용접사에겐 정말 지옥 같은 곳이었다는 기억이 남아 있다.

무엇보다 힘들었던 것은 겨울철에 현장에 도착해서 옷을 갈아입던 일이다. 겨울 새벽의 공장 탈의실은 아무런 온기도 없이 차갑기만 했다. 쇳가루와 땀으로 딱딱하기만 한 작업복이 맨살에 스치는 섬뜩한 감촉은 도저히 익숙해지지 않았다.

밤이면 야근을 밥 먹듯 해야 했다. 저녁 9시쯤 되면 공장의 불빛이 창백하게 빛난다. 철판 야적장 사이에서 밤하늘을 바라보며 담뱃불을 하나 붙이면 생각나는 얼굴들이 있다. 나는 지금 이곳에서 끝이 보이지 않는 생활을 하고 있는데 학창 시절 그렇게 같은 꿈을 꾸었던 사람들은 다 어디 있을까 생각했다. 대학 신입생 시절 범재나 진희, 세자, 종각이 등 동기들과 정수, 상규, 희근이 등 후배들은 지금 어디에 있을까? 같이 엠티도 가고 술도 마시고 서로 울고 웃으며 평생 같이할 것 같았었는데…….

동아리에서 홀로 떨어져 이 황량한 공장의 불빛 아래 쓰러져 있는 나에게 노동 현장은 기약 없는 고독과의 싸움이었다.

노선투쟁에 대하여 ✳

현장 실천에 뿌리박지 않은 관념적 노선투쟁으로는 세상을 바꿀 수는 없다.

최근에 알게 된 사실이지만 이때 공장생활을 하면서 내가 쓴 일기가 나중에 현장으로 올 동료들에게 참고 자료로 배포되었다고 한다. 그때 내 일기를 읽어 본 활동가가 이 사람은 혁명가가 아니라 시인인가라고 비판했다는 이야기도 들었다. 아마도 그랬을 것이다.

나는 인간이 제대로 살기 위해서는 반드시 올바른 세계관을 가져야 한다고 생각했다. 그리고 그런 세계관에 기초해 역사관과 사회의식이 형성된다. 당시는 군부독재가 지배하던 세상이었다. 그래서 민주화라는 과제도 있었지만 노동 현장에서는 '노동의 해방'이라는 과제도 존재했다. 동시에 분단을 극복해야 한다는 민족적 과제도 연결되어 있었다. 이 세 가지 과제를 올바로 해결하기 위한 동시대 젊은이들의 열정과 투지는 엄청난 에너지를 그 속에 품고 있었다.

그러나 나는 현장생활을 하면서 뭔가 풀리지 않는 갈증이 있었다. 학생운동을 하다가 노동 현장에 들어온 수천 명의 활동가들은 뭔가 조급해 보였고, 대중들과 호흡을 같이하지 못하고 있었다. 성급한 이념적 관념성으로 함부로 정세를 재단하기도 하고 대중들에 대한 태도도 성숙하지 못했다. 나는 같이 노동자 모임도 만들고 민주화를 위한 거리투쟁에도 열심히 참여했지만 운동의 나갈 방향에 대해서는 뭔가 잘못되어 간다는 느낌이 강했다.

당시 인천의 활동가들은 소위 민족해방 계열과 노동해방 계열로 크게 나뉘어 있었고, 그 속에서도 여러 정파들이 생겨나고 있었다. 나는 어떤 정파의 논리에도 쉽게 동의할 수 없었다. 내 눈에는 둘 다 관념적이고 조급해 보였다.

사실 나는 죽음이라는 극한상황에서 체험한 깨달음의 실천으로 현장에 간 것이기 때문에 일반적인 활동가들의 모습과는 조금 달랐으리라 생각된다. 비록 동시대적 과제인 민주주의와 노동해방이라는 가치에는 동의했지만 그것을 실천하는 과정에서 사람들을 억압하는 느낌이 들면 거리를 두게 되었다. 그래서 점점 정파의 활동과는 멀어져 독립적으로 움직이게 되었고 대중 속에서 그들과 함께 살면서 자연스럽게 요구되는 역할을 소중히 하는 방향으로 활동하게 되었다. 소모임을 만들어 활동가들을 교육하고 여러 가지 실천투쟁을 같이했다.

당시는 80년대였고 혁명의 기운이 감돌던 때였다. 따라서 우리의 실천투쟁은 지금으로서는 상상하기 어려운 것들이 많았다. 그때는 노련한 오십대 활동가 100명만 있으면 세상을 바꿀 수 있을 거라 생각했다. 지금은 차고 넘치는데 오히려 더 후퇴한 느낌이니…….

많은 활동가들이 현장으로 오고 또 쉽게 떠나갔지만 나는 현장에 남아 꾸역꾸역 반복적인 노동을 하면서 생활하고 있었다. 나에게는 노동을 통한 살아남기 그 자체가 목적이었던 셈이다.

소련이 붕괴하면서 사회주의적 신념을 가졌던 많은 활동가들이 현장을 떠나갔다. 북한의 실체가 점점 드러나면서 소위 민족해방노선에 대해서도 회의하는 사람들이 많아졌다. 그러나 나는 그런 흐름에 전혀 영향을 받지 않았다. 처음 출발점이 그런 이념에서 출발한 것이 아니고 나의 원체험에서 출발한 결정이었기 때문이다. 내가 현실에서 같이 살고 있는 노동자들의 고통 앞에서 이들과 함께 좋은 세상이 만들어지지 않는다면 어떤 변화도 의미 없는 것이라 생각했다.

일은 힘들었지만 가끔 동료들과 대폿집에서 소주잔을 기울이며 그들의 이야기를 듣고 있을 때 나는 정말 편안했고 행복했다.

철거반대투쟁의 추억 *

아들의 고통을 온전히 감싸안으신 채 떠나신 어머니⋯ 보고 싶습니다⋯.

1987년쯤으로 기억한다. 내가 살던 곳은 주안 산동네였다. 보증금 50만원에 월세 5만원 하던 셋방에 살고 있었는데 이곳을 철거해야 한다고 인천시에서 통보해 왔다. 집주인들하고는 이미 협의가 끝났는데 문제는 세입자들이었다. 하루는 시끌시끌해서 나가 보니 세입자들이 동네 골목 공터에 모여 회의를 하고 있었다. 나도 세입자의 한 사람으로 옆에서 뭔 일인가 하고 끼어 있었는데 누군가 나를 세입자 대책위원으로 지명했다. 젊은 사람은 별로 없고 다 아줌마나 술에 찌든 아저씨들이 대부분인 가운데 내가 눈에 띄었던 것 같다. 얼떨결에 같이하게 되어 그때부터 1년여 동안 인천시와 밀고 당기는 싸움이 벌어졌다. 싸움은 치열해서 불도저 밑에 드러눕는 주민도 있었고 용역들과 험한 싸움을 벌이는 일도 다반사였다.

하루는 밤 10시에 인천시청으로 가서 기습 야간시위를 한 적도 있었다. 이 시절 어머니는 내가 자취하는 집에 와서 가끔 밥도 해주시고 했는데 어머니도 나의 뜻을 이해하시고 같이 투쟁에 동참해 주셨다. 어느 날 밤늦게까지 시위를 하고 다시 인천시청에서 주안 집으로 돌아오는 길, 갑자기 어머니를 업고 싶어졌다. 어머니를 등에 업고 한참을 걸었지만 조금도 무거운 줄 몰랐다. 주안의 작은 자취방으로 돌아오는 길은 정말 행복했다.

앞길이 창창하던 자식이 빈민촌에 혼자 살면서 온갖 궂은일 하는 것을 못내 안타까워하시던 어머니의 심정을 어찌 다 헤아릴 수 있을까? 그러나 철없는 자식은 그런 어머니의 사랑을 당연한 것으로만 생각했다. 어머님은 나에게 든든한 버팀목이었고 무한한 사랑 그 자체였다. 그냥 번듯한 직장에 들어가 편하게 살 것을 바랐던 어머니에게 힘들고 위험하게 사는 아들의 모습을 보는 일은 얼마나 힘드셨을까? 그래도 자식이라고 가끔 자취방에 오셔서 손을 꼭 쥐고 함께 잠들었을 때 어머님은 어떤 심정이었을까? 내가 결혼하고 아이를 키워 보니 그 심정이 조금은 이해될 것 같았다.

몇 년 후 어머니께서 암으로 돌아가셨을 때 나는 한동안 눈물을 그칠 수 없었다. 그 병은 나의 고통을 어머니가 온전히 대신 받으시면서

▲ 첫 돌 무렵 나를 품에 안고 환하게 웃으시는 어머니

사진 속에서 환하게 웃는 젊은 시절의 어머니 모습과 자식의
고통을 온몸으로 받아 삭이다가 암으로 돌아가신 늙은 어머니
의 모습이 겹치면 늘 울컥해진다. 살아생전 마음껏 효도를 못
한 것이 한스럽다.

생긴 것이다. 나는 내 신념에 따라 얼마든지 힘든 일을 겪어 낼 수 있었지만 부모님은 다르다. 자식의 고통을 자식보다 더 날카롭게 느끼는 것이 부모인 것이다. 철이 들면서 또 직접 자식을 키우면서야 이런 사실을 알게 되는 것은 참으로 야속한 일이다.

"어머니…… 이제 언젠가 다시 만나게 되겠지요. 그때는 정말 속 썩이지 않을게요……."

처음으로 집을 장만하다 ✳

가구당 7.5평짜리 자치구 한우리공동체

1년여 동안의 지루한 철거반대투쟁 끝에 어찌어찌 시와 협상이 마무리되어 인천 만수동의 중국인 묘지 자리의 체비지를 싼값에 불하받게 되었다. 오랜 투쟁 끝에 많이 떨어져 나간 탓에 같이 이주할 세대는 약 70여 세대였다. 우리는 세입자건축추진위원회를 만들고 내가 총무를 맡아 공동으로 연립주택을 짓기로 했다. 그리고 2가구 한 채씩 단층주택 서른여섯 채를 건축할 시공사를 구했다.

한양공영이라는 회사와 계약을 맺고 건축을 시작했는데 여러 가지 문제가 많이 발생했다. 제대로 예정된 날짜에 시공이 들어가지 않고 진행 속도도 너무 느렸다. 마을 주민들 중에는 건설 일용공들이 많았기 때문에 자체 시공 팀을 구성키로 하고 콘크리트로 기초 세우는 작업부터 직접 하기 시작했다. 나는 마을 주민들과 함께 삽을 메고 대빵(넓은 철판)을 놓고 모래와 시멘트를 섞어 틀에 들이부었다. 사람들은 레미콘으로 하는 것보다 이렇게 하는 게 훨씬 더 기초가 단단해진다고들 했다. 힘든 하루 일을 마치면 다들 모여서 막걸리 한잔씩 하고 서로 격려하면서 집을 하나하나 지어 나갔다. 다들 생전 처음 자기 집을 짓는 일이라 일이 힘든 줄을 몰랐다.

거의 1년이 다 되어 드디어 완공하고 새 집으로 들어가던 날의 감동을 지금도 잊을 수 없다. 비록 한 가구 당 7.5평의 좁은 집이었지만 스스로의 피땀으로 만든 새집이었다. 우리는 '한우리마을'이라는 공동체를 구성하고 내가 청년위원장을 맡아서 자치구를 만들었다. 이 일이 제법 알려져 당시 MBC라디오에서 김동효 피디가 취재를 와 세상에 소개되기도 했다.

사람이 사는 일이 다 그렇지만 주민들 대다수가 어려운 사람들이라 별의별 일이 많았다. 특히 남자들은 술 마시고 사고 치는 사람들이 많아서 하루가 멀다 하고 술 먹고 소란 피우고 창문을 깨고 부인을 때리는 일이 생겼다. 내가 가서 타이르고 달래서 재우면 다음 날은 또 미안하다고 와서 한잔하러 가자는 것이다. 어느 날은 아이가 집에 안 들어온다고 해서 주민들이 몽땅 나서서 한밤중에 횃불을 들고 뒷산을 샅샅이 뒤지기도 했다. 알고 보니 아이가 집에 들어가기 싫다고 토관에 들어가 있다가 잠들어 버린 것이었다.

▲ 한우리마을을 찾아온 동생 수민과 함께

1989년 오랜 철거싸움 끝에 인천 만수동 체비지를 싸게 불하
받아 36채의 단층 연립주택을 직접 주민들의 힘으로 지었다.
비록 7.5평밖에 안 되지만 나는 생애 처음으로 내 집을 장만했
다.

나는 젊은 청년이었지만 동네 모든 대소사를 맡아 했기 때문에 사람들이 다 좋아했다. 그래서 많은 사람들이 수시로 내 집에 찾아와 집안일을 의논하곤 했는데 아직 미혼인 터라 여자들이 왔다 가면 오해받을 소지가 있었다. 그런 방면에 워낙 둔감했던 나는 눈치 채지 못했지만 지금 생각해 보면 여자들끼리 서로 수군대고 견제하는 일도 있었던 것 같다.

나는 처음으로 결혼을 해야 하나 하는 생각이 들었다. 그때까지는 결혼도 아이도 없이 혼자 살다가 40세를 넘기기 전에 죽는 것이 좋겠다는 생각을 막연히 하고 있었다. 그러나 공동체를 꾸리고 점점 뿌리를 내리면서 그냥 일반적인 가정을 꾸리고 사는 것도 나쁘지 않겠다는 생각이 들었다.

한우리공동체를 유지한다는 것은 보통 일이 아니었다. 공동체가 유지되기 위해서는 강력한 정신적 지주가 있어야 하고 또한 사람들을 이해관계와 상호 연대정신으로 끊임없이 각성시키는 과정이 없으면 얼마 못 가 갈등과 알력으로 무너지고 만다.

주민들의 어려운 삶과 온전히 함께하면서 같은 비전을 만들어 가는 것이 말처럼 간단한 문제가 아니라는 것을 절감하던 차에 지역에서 노동운동을 하던 양재덕 선배로부터 노동조합 관련 일을 해보지 않겠느냐는 제안을 받았다. 당시 병원 노동자들이 모여서 노조를 만들었는데 인천 부천 지역에만 약 3천여 명이 있으니 이들을 조직하고 교육하는 일을 해보는 게 어떠냐는 것이었다. 나는 사실 불확실한 하청업체만 돌아다니는 일에 좀 지쳐 있던 터라 쉽게 수락하고 1990년부터 병원노련 인천부천지부의 사무차장으로 노조 일을 하기 시작했다.

가족을 만들다 *

첫눈에 반한 그녀, 나의 운명이 되다

병원노련 인천부천지부 사무차장으로 일한 지 몇 개월 후 사무장 모임을 조직하기에 앞서 사전에 한 여성 간부를 소개받기로 했다.

지금도 또렷하게 생각난다. 부평시장 어귀의 '치치'라는 커피숍은 2층에 있었다. 계단을 올라 문을 열고 들어서니 왼쪽 창가 자리에 한 여성이 앉아 담배를 피우고 있었다. 그녀는 예쁘고 옷차림도 노조활동을 할 사람으로 보이지 않기에 다른 자리에 앉아 기다리고 있었다. 그런데 중간에 소개해 준 최정순 지부장이 나타나 그녀를 내 자리로 데리고 왔다. 그녀의 이름은 홍명옥, 나이는 나보다 두 살이 어렸다. 우리는 각 병원의 상황을 공유하면서 어떻게 조직을 강화할지에 대해 토론하다가 다음에 다시 만날 것을 약속하고 헤어졌다.

그 첫 만남에서 나는 어떤 운명 같은 것을 느끼고 있었다. 이 사람이 아마도 나와 평생을 함께할 것 같다는…….

그해 1990년은 87년 노동자 대투쟁의 열기가 한창 최고조에 이를 때였다. 곳곳에 할 일은 많았고 보람도 컸다. 노동자들의 교육과 의식을 강화해서 민주화투쟁의 성과를 질적으로 한 단계 더 발전시킨다는 뚜렷한 과제가 있었다. 당시 수많은 활동가들이 각자 이념을 기반으로 모였던 정파들은 대중조직이 제각기 자기 토대를 마련해 감에 따라 조금씩 분화되는 과정에 있었다. 87년 당시에는 소위 학생 출신들로 이루어진 정파들이 노동운동을 지도했지만 노동조합들이 생기고 그 상급단체가 결성되면서 이제 대중들은 스스로 지도부를 구성하고 스스로 활동하기 시작했다. 이 과정에서 긴장관계가 형성되기도 하던 시기였다.

노동조합 간부들과 나는 그런 점에서 서로 같이 나눌 이야기가 많았다. 물론 노동조합에 영향력을 확보하려는 정파들의 입장을 모르는 바는 아니었기 때문에 한편으로는 연대하고 좋은 관계를 만들려고 노력했지만 정파들은 끊임없이 대중들을 대상화하고 자신들의 목적에 종속시키려는 경향이 있었다. 나는 이런 경향들과는 계속 대립할 수밖에 없었고 점점 피곤해지는 상황이 계속되었다.

홍명옥은 이런 과정에서 나의 고충을 이해하고 함께하는 동지가 되었다. 이런 동지적 관계가 애정으로 발전하는 것은 자연스러웠다. 언젠가 인천 애관극장에서 〈남부군〉이라는 영화를 상영했다. 영화를 같이 보는 도중 아내가 기침을 해서 내가 등을 두드려 주었다. 나중에 아내는 그때 등을 두드려 주던 손이 참 따뜻했다고 기억했다. 나도 그때가 첫 스킨십이어서 기억에 남아 있다. 내가 자취하고 있던 만수동 한우리마을에 처음 놀러 왔을 때 마침 어머니도 계셨다. 어머니는 아내를 보고 무척 마음에 들어 하셨다.

우리는 일을 핑계로 자주 만났고 언제 서로 함께 살자는 이야기도 없이 결혼에 이르게 되었다. 경상도 사나이들은 감정 표현이 좀 서투르다. 아내는 아직도 자기에게 정식으로 청혼한 적도 없고 사랑한다고 한 적도 없이 살게 되었다고 투정하면서 가끔 반성을 요구하곤 한다. 그럴 때마다 나는 곤란한 심정이다. 사실 꼭 반성해야 하는 일인가 하는 의문도 있다. 정말 소중한 것은 쉽게 표현하기 어려운 것 아닌가? '사랑'이란 말 자체가 값어치가 떨어진 세상에서 사랑한다는 말이 오히려 온전한 사랑을 훼손할 수도 있는 것 아닌가?

하지만 이런 말은 속으로 삼키는 것이 좋다. 잘못하면 선물을 사야 하거나 외식을 하러 나가서 계획에 없던 지출을 해야 하는 등 사태가 걷잡을 수 없이 커질 수도 있다. 이럴 때는 그냥 조용히 못 들은 척하거나 웃어넘기는 게 상책이라는 것을 나이 들면서 깨달았다. 젊은이들은 참고할 일이다.

▲ 결혼식

1991년 10월 26일, 짧은 연애 끝에 우리는 결혼했다. 그 이후
아내는 늘 나의 동지이자 든든한 지원군이었다. 거듭 감사할
뿐이다.

아내는 전국보건노조 위원장까지 맡으면서 많은 일을 했다. 이후 다시 노동운동의 일선인 단위사업장으로 내려와 지금까지도 고군분투 중이다. 이 글을 쓰는 이 순간에도 아내는 병원 민주화를 위해 단식농성을 하고 있다. 월급은 안 나오고 몇몇 남지 않은 조합원들에 대한 전방위 탄압은 점점 옥죄어 온다. 그러나 어떤 탄압도 아내를 무너지게 할 수는 없을 것이다. 아내는 나보다 더 원칙적이고 불의에 참지 못하는 맑은 성정을 갖고 있다. 이런 아내의 모습을 보면 정말 자랑스럽고 행복한 기분이 든다.

우리가 살면서 항상 화목했던 것은 아니다. 특히 한창 일할 시기 첫째 딸 진주, 둘째 딸 연주가 3년 터울로 생기면서 소위 '워킹맘'이 겪는 모든 애로를 다 겪었다. 나도 하느라고 했지만 어디 어머니로서 겪는 고통만큼이야 했겠는가? 세월이 지나 지금 생각해 보면 참으로 위기를 잘 넘겨 왔다. 그러나 아직도 대다수의 젊은 부부들이 우리가 겪었던 고통과 갈등을 되풀이하고 있을 텐데, 이에 대해 보다 과감한 대책들이 만들어져야 한다는 생각이다. 육아문제, 경력단절여성문제, 보육문제 등 사회가 함께 책임져야 할 일들이 우리나라에서는 모두 개인, 특히 여성에게 몽땅 전가되고 있다. 나는 그런 점에서 급진적 페미니즘조차도 이해하게 되었다.

이제 두 딸은 어느덧 대학생들이 되었다. 아이들과의 추억을 생각하는 것은 항상 즐겁다. 큰 딸 진주는 유치원 때 갑자기 닭뼈를 들고 "이게 뼈라는 뜻이야?"라고 물어서 나도 어떻게 답해야 하나 한참 생각한 적이 있다. 촘스키나 소쉬르까지 떠올리다가 내가 헷갈려서 포기해야 했다. 막내 연주는 자기 몸만큼 큰 쓰레기봉투를 질질 끌고 나가 수위 아저씨를 놀라게 해서 자칫 아동학대로 오해받지 않을까 두려워한(?) 적도 있다. 별로 해준 것도 없는데 정말 예쁘게들 커 주었다.

이제 조금 있으면 내 품을 떠날 것이다. 그러나 아직도 딸들이 집에 있어야 편하게 잠이 오는 나는 그날이 좀 천천히 왔으면 한다. 이들이 나가야 할 세상은 우리가 꿈꾸어 왔던 그런 세상이 아직은 아니기 때문이다. 아마도 많은 부모님들의 심정 역시 그러할 것이다. 이런 세상을 만든 책임은 우리 세대에게 있다. 이제 우리 세대들이 책임 질 일은 책임 져야 한다. 그러지 않으면 우리는 정말 역사의 죄인이 될 것이다.

노동운동의 약화는 곧 국가의 약화로 *

노동천하지대본—천하의 근본인 노동을 무시하는
사회가 제대로 설 수는 없다.

　87년 대투쟁으로 전국에서 노동조합이 결성되었다. 이제 직장인들
은 노조를 통해 수동적인 종업원이 아니라 대등한 계약 주체로서의 노
동자로 거듭날 수 있게 됐다. 그러나 이 호시절은 그리 오래가지 않았
다. 노동해방, 평등세상 등의 구호를 걸고 노동운동이 시작되었지만
그것을 구체적으로 실현하는 방안을 찾기는 어려웠다. 당시 노동운동
에서 강한 영향을 미쳤던 이념은 거칠게 말하자면 계급문제를 중요시
하는 사회주의적 경향과 민족문제를 우선시하는 민족해방노선, 이 두
가지였다.

　내가 처음 노동 현장으로 갔을 때인 1984년 무렵은 노선투쟁이 본
격화되기 전이었다. 나는 군부독재가 정권을 잡고 있는 상황에서 지

식인이 올바로 사는 삶의 태도로서 노동 현장을 택했고, 생명을 소중히 해야 한다는 차원에서 우리 사회의 가장 약자인 노동자의 삶을 함께하면서 그들의 권리를 지키는 노동운동이 가장 올바르게 사는 길이라고 생각했다.

그러나 많은 지식인 활동가들은 현장 활동을 통해서 혁명을 하고 싶어 했고 정치를 바꾸고 싶어 했다. 물론 나도 그런 목표에는 동의했지만 문제는 방식이었다. 기본적으로 한국 사회의 문제가 어떻게 계급문제만 있고 민족문제만 있겠는가? 둘 다 서로 연관되어 있고 또 각각 매우 복잡한 조건에서 변화하고 있는 것이다. 그래서 노동운동은 각 영역에서 보다 전문화되어야 하고 총체적 시각에서 대안을 제출하고 사람들을 설득해 가야 한다고 보았다. 그러나 각 정파들은 자기들의 이념 이론에 입각해서 조직의 세를 불리는 것이 우선이었다. 그들의 노선은 공개적으로 검증되지도 않았다. 보안문제 등의 이유로 아예 드러내지도 않았고 단지 다른 정파들을 공격하고 비판하면서 자신들의 정파를 유지하는 형태가 고착화되고 있었다.

노동운동은 이러한 정파들의 이합집산 속에 소위 현장파, 중앙파, 국민파라는 분열구도에 빠져들었다. 현장파는 계급노선을 중시했고 국민파는 대중노선을 중시했다. 중앙파는 양쪽 사이에서 중앙권력을 중요시한다고 해서 중앙파라는 이름이 붙었다. 그러나 사실 이런 분류 자체가 대단히 자의적이고 폭력적이었다.

나는 현대그룹노동조합총연합 사무차장을 하다가 금속노련, 자동차연맹과 함께 통합금속연맹이 결성될 때 초대 사무차장을 심상정 씨와 공동으로 맡게 되었다. 이른바 '대(大) 산별노조'를 만들어야 한다는 당시의 암묵적 동의에 의해 결성된 것이었지만 나는 걱정이 많았다. 산별노조는 독일식 노사문화 속에서 만들어진 것이고 한국적 현실에서는 한국에 맞게 조직되어야 한다고 생각했다. 이른바 한국형 산별조직이 필요하다고 생각한 것이다. 그러나 당시에는 대산별론이 훨씬 강했기 때문에 나의 입장은 소수의견이었다. 내 경험으로는 각 정파들이 아직 대 산별노조를 건설할 실력이 없다고 보았다. 토대가 약한데 큰 집을 지으면 쉽게 무너지고 한번 무너지면 다시 건설하는 데 더 큰 비용이 발생한다. 목소리 큰 조합간부의 이야기만 들을게 아니라 조용한 소리도 들어야 한다고 역설했다.

그 결과 나에게는 '국민파의 핵심'이라는 뜻하지 않은 감투(?)가 씌어졌다. 나는 일관되게 정파의 폐해에 대해 배격하고 있었고 대중들에게 책임 지는 지도부여야 한다는 입장을 갖고 있었을 뿐이다. 국민에게 사랑받는 노동운동을 하자는 세력을 국민파라고 한다면 나는 국민파가 맞다. 나는 정파가 필요하다고 보고 오히려 정파가 더 발전하는 것이 좋다고 본다. 하지만 정파의 패권주의와 무능함은 대중의 창의성을 가로막고 점점 더 운동 발전에 장애가 되고 있었다.

이미 그 당시 정파의 지도력들은 현장과 유리되고 있었고 현장의 복잡하고 전문적인 문제에 대한 대안을 갖고 있지 못했다. 아니 아예 대안에 대한 고민조차 부족한 형편이었다. 따라서 한국 경제가 어떻게 돌아가고 기업 측의 전략이 어떻게 바뀌며 그런 상황에서 노조가 영향력을 유지하면서 힘을 키워 가려면 어떤 전략을 세워야 하는지에 대해 별다른 고민을 할 수가 없었다. 중앙은 정파 싸움이 서로를 발목잡고 있었고 현장은 자연히 임금 극대화 전략으로 기울고 있었다.

현장에서 노동조합의 조합원에 대한 영향력을 유지하려면 생산성과 경영방식에 대한 개입이 불가피하다. 개별 기업에서 노사는 공동운명체일 수밖에 없기 때문이다. 따라서 현장의 기술적인 부분에 노조도 상당한 전문성과 대안을 연구하는 정책 역량이 요구된다. 그러나 이런 논의는 당시 노동운동의 지도부에게는 금기였다. 이른바 개량주의나 노사협조주의로 매도되기 십상인 분위기에서 계급투쟁 아니면 민족통일이라는 거대담론 외에는 이야기 자체가 진전될 수 없었다. 아니 그런 담론조차도 별로 진행되지 못했다. 사실상 개별 기업의 이해관계 중심으로 흘러갔고 사회적 아젠다는 단지 상급단체의 회의록에 남아 있을 뿐이었다. 상급단체로서의 영향력은 그런 과정에서 점점 약화되어 갔고 노동조합 역시 마찬가지로 현장 지도력을 조금씩 상실해 갔다.

노동운동에 대한 주제를 길게 쓰자니 다소 부담이 된다. 왜냐하면 지금 한국 사회에서 노동문제는 큰 사건이 터져야 반짝 관심을 갖는 정도이고 평소에는 아무런 관심이 없거나 별종들의 이야기로 치부되

▲ 병원노련 간부들과 광주 순례

병원노련 인천부천지부 사무차장 시절 5.18광주민주화항쟁 기념식에
참석하기 위해 병원노련 간부들과 함께 광주역에서. 왼쪽 세 번째가 나
중에 내 아내가 된 홍명옥. 이때는 아직 사귀기 전이다.

기 때문이다. 특히 정치하는 사람이 노동 이야기를 하면 인기가 없다.

그러나 사실은 노동운동의 발전이 사회 발전에 미치는 영향은 엄청나다. 오늘날 독일의 경쟁력은 바로 강력한 노조의 힘에서 나온다. 노조가 조합원에게 일할 맛을 제공하고 동시에 현장의 전문성을 높이는 역할을 하고 있기 때문에 사회의 기반이 튼튼한 것이다. '농자천하지대본'이라는 옛말은 오늘날 '노동천하지대본'이라는 말로 바꿀 수 있다. 천하의 근본인 노동을 백안시하고 함부로 취급하는 사회가 제대로 설 수는 없다. 그런 점에서 노동자가 그 자체로 올바른 노동운동을 전개하는 것은 한국 사회 발전의 핵심적 요소이기도 하다.

그러나 87년 전국에서 요원의 불길처럼 타올랐던 민주노조운동은 실력 없는 정파들에 의해 망가져 갔다. 계급해방파들도 민족해방파들도 현장의 구체적 문제에는 도통 관심이 없었다. 현장파, 중앙파, 국민파라는 구분 또한 그런 점에서 별로 의미 없는 구분이었다. 현장파는 계급해방 노선을 중심으로 하고 있어 생산성과 관련한 이야기만 나오면 정통 개량주의라고 맹비난을 퍼부었고, 민족해방파는 현장의 문제에 대해 말로는 중요하다고 했지만 실제 행동은 오로지 통일문제에 쏠리는 경향이 있었다.

물론 내부에서 문제의식을 가진 많은 활동가들이 나름대로 노력하고 있고 지금도 많은 활동가가 열악한 조건에서도 고생하고 있다. 하지만 변화는 대단히 느렸고 시간은 우리 편이 아니었다. 불행히도 기업 측은 더 빨리 이런 현상에 주목해 현장 장악력을 키워 갔고 일반 조합원들은 노동조합 지도부보다 더 빠르게 그런 변화에 적응해야 했다. 이런 상황에서 조직의 덩치만 키운다고 문제가 해결되는 것은 아니었다. 오히려 공룡화 되어 문제가 더 악화될 위험이 있었다. 일반 시민들은 노동운동에서 이해할 수 없는 모습들, 예를 들어 가까이하기 어려운 집회문화, 생경한 용어들, 뭔가 특이한 사람들만 하는 운동 등의 이미지들을 본다. 이는 변화하지 못하는 집단이 오로지 과거의 관성에 의존해 영향력을 유지하려는 서글픈 모습으로, 노동운동 자체가 점점 현장 조합원들의 삶과 괴리되면서 나타나는 결과물로 받아들여지게 되었다.

현대자동차 정리해고 반대투쟁과 노무현 *

나는 이런 어리석은 짓을 하는 정부와 기업주에 대해 절망했다.
이러고도 회사가 발전하고 나라가 발전하길 기대하는가? 이렇게
노동자들을 짓밟고 무시하는 세상에서 나라가 망하지 않을 수 있을까?

97년 외환위기가 터진 후 IMF의 가혹한 구조조정 요구를 김대중 정
부는 적극적으로 수용했다. 98년 당시 금속연맹 사무차장이었던 나는
현대자동차 정리해고 반대투쟁에 결합해 있었다. 8월초 울산에 내려
갔을 때 현대자동차는 전쟁터였다. 전임 위원장 정갑득은 30m 높이
의 굴뚝에 올라가 농성 중이었고 당시 김광식 노조위원장은 노조 사
무실 옥상에 텐트를 쳐놓고 관을 옆에 둔 채 죽음을 각오한 투쟁을 전
개하고 있었다.

나는 김광식 위원장과 함께 농성장에서 자면서 회사와 정부, 노조
간의 물밑 협상을 지원했다. 회사는 정리해고를 관철시키려 하고 있었

고 노조는 물러설 곳이 없었다. 당시 협상단 대표로 국민회의 노무현 부총재가 울산에 내려왔다. 나의 임무는 최대한 노조의 이해관계를 지키기 위해 정부와 사측을 설득하는 것이었다. 협상의 최대 쟁점은 정리해고자의 숫자였다. 공권력을 통해 진압작전을 준비하던 경찰은 헬리콥터를 동원해 삐라를 살포했다. 이것을 본 조합원들은 더 흥분하고 있었다. 정리해고를 도저히 수용할 수 없었던 노조와 반드시 이번에 정리해고를 관철해서 노조의 기를 꺾겠다는 기업의 방침은 팽팽해서 타협의 여지가 거의 없는 듯했다.

최종 협상은 진전이 없고 진압작전이 초읽기에 들어간 상황에서 각 현장조직 대표자 회의가 조합 사무실에서 열렸다. 쟁점은 가족대책위를 포함한 사수대원들이 옥쇄작전을 펴는가 아니면 모두 철수해서 시가전으로 돌입하는가였다. 현대자동차 안에는 시너 등 위험물질이 많은 공장이 있어 그곳으로 모두 들어가서 출입구를 봉쇄하면 함부로 진압할 수 없다는 주장이 있었다. 그러나 그것은 너무 위험했다. 만일 조합원들이 흥분하거나 진압과정에서 충돌이라도 생기면 대폭발 위험이 있어 대량참사로 이어질 수 있었다. 철수해서 시가전을 하는 것은 당분간 이어갈 수는 있겠지만 급속히 투쟁동력이 분산되어서 장기전을 펴기 불리하다는 의견도 무시할 수 없었다.

이런 상황에서 상급단체인 금속연맹이나 민주노총은 대단히 곤란한 상황에 처해 있었다. 사실 민주노총 차원에서 현대자동차노조를 지원하려면 전면 동조파업을 통해서 압박할 수밖에 없는데 조직력이 따라주지 않았다. 정리해고 문제는 정부와 기업이 집중해서 압박하는데 대항해 단위노조 혼자 버티는 형국으로 흘러갔다. 역부족이었다.

8월 22일경 노조의 요구를 최대한 반영하기 위한 마지막 물밑 협상이 진행되었다. 어렵게 만든 최종 협상안이 김광식 위원장에게 전달되면서 내부 의견을 모아야 했다. 노사간 의견은 거의 접근했지만 워낙 쟁점이 많고 이견이 컸던 터라 세부적인 사항에서 서로 조정할 것도 많았다.

8월 23일 밤 협상장 옆에서 꾸벅꾸벅 졸고 있는데 이기호 노동부 장관이 오면서 잠정 합의안이 나왔다. 식당만 외주로 전환하는 안이었다. 현장조합원들의 반응이 걱정되었다. 아니나 다를까 그날 새벽 합의안을 받아든 조합원들 중 정리해고 대상이 된 식당 아주머니들 중심으로 강한 불만이 터져 나왔다. 조합원들은 노조 사무실에 들어와서 울분을 토로하고 컴퓨터 등 집기를 박살냈다. 현관 앞은 불이 붙었고 창문은 다 박살나고 있었다. 나는 아수라장인 노조 사무실로 들어갔다. 김광식 위원장과 간부들이 얼마나 힘들게 여기까지 왔는지를 아는 나로서는 같이 돌멩이를 맞겠다는 심정이었다. 위원장을 위로하고 밖으로 나오니 자욱한 연기 속에서 발길을 돌리고 있는 조합원들을 향해 한 간부가 외치고 있었다.

"동지들, 이게 끝이 아닙니다. 우리는 다시 시작해야 합니다. 희망을 잃지 맙시다……."

대중들의 요구와 현실의 한계 속에서 균형을 잡고 책임을 진다는 것이 얼마나 힘든 일인가? 그리고 이런 황폐한 상황에서도 끝까지 노조를 지키자고 외치는 저 이름 없는 활동가의 외침은 얼마나 숭고한가? 폐허가 된 노조 사무실 앞 화단에 앉은 나는 흐르는 눈물을 주체할 수가 없었다. 식당 아주머니들을 정리해고시키기 위해 지금까지 지불한 경비를 생각하면 현대자동차는 전혀 불필요한 짓을 한 것이다. 오히려 이 정리해고 방침은 조합원으로 하여금 회사에 대한 충성심을 떨어뜨려 보이지 않는 피해가 훨씬 더 크다.

나는 이렇게 어리석은 짓을 하는 정부와 기업주에 대해 절망했다. 이러고도 회사가 발전하고 나라가 발전하길 기대하는가? 이렇게 노동자들을 짓밟고 무시하는 세상이라면 나라가 망하지 않을 수 있을까?

IMF가 안락한 사무실에 앉아서 내린 가혹한 결정과, 이를 집행하는 김대중정부의 한술 더 뜬 노동정책이 빚어낸 이 처절한 결과에 대해 나중에 역사는 어떻게 심판할 것인가? 전쟁에서 이기지 못한 노동진영은 여기서 어떤 교훈을 얻고 어떤 준비를 해야 할 것인가? 나는 어느 한 편만을 탓하기는 어렵다고 생각한다. 그러나 지금 생각해 보면 여전히 반성은 없고 노동을 무시하는 사회적 분위기 또한 달라진 바 없다. 그러고도 기업들은 장사가 안 되어 망하게 됐다는 소리만을 되풀이하고 있다.

이것은 단순히 엄살이 아닐 수 있다. 실제 대기업들도 이렇게 하다가는 망한다. 왜? 그 원인을 똑바로 알아야 한다. 그것은 바로 노동을 무시하기 때문이다. 이익의 창출은 노동에서 나온다. 굳어진 기계노동이 아니라 창조력을 가진 노동력에서 이익이 나온다. 기업주들은 그 창조적인 노동력을 이용하고 등골을 뽑아 먹을 줄은 알지만 창조력을 극대화할 수 있는 방안에 대해서는 무시한다. 지극히 단견이다.

지금 한국 사회의 문제를 해결할 길은 딱 하나이다. 기업주들이 정신 차리고 노동자들을 인정해야 한다. 그들을 주인으로 대접할 때 무서운 창조적 힘이 나온다. 소위 전문가들은 이 문제를 회피한다. 그러나 아무리 무시하고 감추려 해도 이것 외에 다른 답은 없다. 경제민주화는 바로 노동자가 자신의 창조력을 극대화할 수 있는 조건을 의미하는 것이다. 그러나 당시에는 소위 신자유주의라는 이데올로기가 세계적 유행을 타던 시기였고 민주정부의 엘리트들도 그 조류를 타고 있었다. 나는 답답한 마음을 안고 태화강 둔치에서 정신 나간 사람처럼 멍하니 한참동안 앉아 있었다.

노조는 노조대로 깊은 멍을 남긴 채 협상을 타결했지만 기업 집단들은 정부가 지나치게 노조 편을 드는 바람에 일방적으로 자기들이 당했다고 언론을 통해 질타했다. 참 답답한 노릇이었다. 만일 기업 측의 요구 그대로 밀어붙였다면 아마도 민란 수준의 폭동이 일어났을 것이다. 정말 무책임한 소리들이었다.

현대자동차 파업이 끝난 두어 달 후 인사동에서 노무현 부총재와 식사를 하게 되었다. 이런저런 이야기 끝에 내 고향이 부산인 것을 알고 내 손을 잡고, 같이 부산 가서 자기를 좀 도와달라고 했다. 그는 안희정과 이광재를 거론하면서 참 능력 있는 사람들이니 같이하면 좋을 거라고 했다. 나는 "이런 상황에서 나만 도망칠 수는 없지 않습니까?"라고 대답했다. 이것이 노무현 대통령과의 첫 만남이었다.

두 번째 만남은 2004년 3월에 이루어졌다. 노무현 대통령이 민주노총 지도부를 청와대로 초청했을 때였다. 그 당시 민주노총 대변인이었던 나는 이수호 위원장, 강승규 수석부위원장, 이석행 총장과 함께 오찬 참석을 위해 청와대로 향했다. 노무현 대통령은 나를 보자마자 눈을 찡긋하며 "아니, 이수봉 대변인은 표정이 화난 것 같습니다?"라면서 가볍게 농담을 했다. 그때만 해도 노무현 정부와 노동계 사이에 많은 건설적 대화가 진행될 수 있을 것이라고 생각했다. 그러나 이러한 기대가 실망과 환멸로 변해 가는 데는 그리 오랜 시간이 걸리지 않았다.

전국실업극복운동연대회의를 결성하다 ✳

어떤 운동도 관이 주도하게 되면 그 운동의 생명력은 끝난다.
민간에 자율적으로 맡기고 관은 최소한의 보조 역할을 해야 한다.
그러나 정부 관료는 항상 자신들이 민간에 대해 주인인 것처럼 행세한다.

나는 원래 소설가가 되거나 화가가 될 생각을 많이 했다. 그러나 '광주사태'라는 현대사의 비극은 나를 실천적인 사회변혁가로 만들었다. 나는 그것이 젊은 지식인으로서 시대적 소명이라고 느꼈다. 그래서 사회학과로 진학했다. 문학은 나중에 그런 경험을 다한 다음에 시간 날 때 할 수 있다는 생각을 했다. 그래서 끊임없이 사회와 경제에 대한 관심을 놓치지 않았다.

1995년 나는 병원연맹 일을 그만두고 의료보험연대회의라는 시민단체의 사무차장으로 자리를 옮겼다.

당시 의료보험연대회의는 김용익 서울대 교수가 총괄하면서 한국의 의료보험 체계를 다시 세우는 운동을 하고 있었다. 우리는 서대문에 있는 작은 사무실에서 밤마다 모여 전체 국민이 혜택을 볼 수 있는 의료보험 체계를 세우는 일에 전력을 다했다. 시민단체 일은 재미있었다. 서대문 사무실 앞에는 작은 광장이 있었는데 비둘기가 많았다. 같이 일하던 간사가 점심때마다 밥을 모아 창문가에 뿌려 두면 비둘기들이 몰려왔다. 노조활동과는 또 다른 작은 여유가 있는 생활이었다. 의료보험연대회의에서 일한 기간은 약 6개월 정도였다.

김용익 대표는 최대한 전체 국민들에게 유리한 방향으로 설계하여 보험체계를 치밀하게 세웠다. 지금 그래도 한국의 의료보험 체계가 선진적이라고 평가받고 있는데, 우리의 활동이 결정적 역할을 했기에 큰 보람을 느낀다. 뒤에 국회의원이 된 김용익 교수는 그때의 인연으로 나중에 내가 안철수 의원 보좌관으로 국회에 들어갔을 때 항상 따뜻하게 대해 주었다.

의료보험연대회의 활동을 마치고 나서 후배 김미경의 소개로 현대그룹노동조합총연합 사무차장을 맡았다. 이후 통합금속연맹 사무차장을 거쳐 2000년부터는 민주노총 고용안정센터 소장으로 일하게 되었다.

당시 외환위기 여파로 실업문제가 심각하던 때여서 고용안정센터의 역할은 매우 중요하였다. 나의 주요 관심사는 실질적으로 실업문제를 해결하는 방안을 만드는 일이었다. 우선 당시 국민들이 금 모으기 운동을 벌려 만든 실업극복국민운동본부(공동대표 강원룡 목사, 송월주 스님, 김수환 추기경)에 운영위원으로 참가하게 되었고 월 100억 정도 규모의 예산을 집행하면서 실업극복사업을 벌이게 되었다. 그런 과정에서 이런 기금을 집행할 전달체계가 없는 것을 보고 김홍일 성공회대 신부와 함께 민간 전달체계를 만들었는데 그것이 전국실업극복연대회의이다.

나는 이 단체의 집행위원장을 겸임하면서 일반 실업자들에게 실질적인 도움이 되는 사업들을 추진하였다. 이때는 IMF 권고로 인한 구조조정이 사회를 뒤흔들 때여서 실업문제와 고용불안 문제로 사회 분위기는 뒤숭숭했다. 따라서 각종 사회안전망 체계를 전부 다시 설계해야 할 때였다. 나는 고용보험 체계, 실업보험 체계 등 각종 사회안전망 설계 과정에 참여하게 되었다.

당시는 민주화투쟁의 성과로 들어선 민주정부였기 때문에 나름대로 의욕적인 접근이 가능했다. 우리는 관계 전문가들과 함께 최선의 안전망을 짜려고 했으나 경제부처의 반발에 항상 축소되곤 했다. 사회기초생활보장법, 생산적 복지 등도 경제부처의 견제 속에 기대보다 축소되었고 이후 만들어지는 각종 자활 후견기관이나 복지전달 체계 등도 민간의 자율성을 키우기보다는 관의 주도성이 관철되는 흐름으로 만들어지고 있었다.

어떤 운동이든 관이 주도하게 되면 그 운동의 생명력은 끝난다. 민간이 자율적으로 하도록 하고 관은 최소한의 보조 역할을 해야 한다. 그러나 정부 관료는 항상 자신들이 민간에 대해 주인처럼 행세한다. 국민을 잠재적인 범죄자 보듯이 하면서 갑 행세를 한다. 많은 국고들이 그런 방식으로 집행되면서 효율성이 떨어진다. 민간 참여자들은 점점 지친다. 그리고 그런 관행과 구조에 길들여진다. 그 결과는 함께 붕괴되는 일만 남는다. 우리 사회는 급격히 변하는 사회적 환경에 따라 그 시기가 더 빨라질 가능성이 매우 높다.

나는 정부의 고용정책과 실업정책 등 복지체계의 설계와 집행에 관여하는 과정에서 접촉했던 관료들의 전반적 행태가 대단히 심각한 상황임을 느꼈기에 관 주도에서 민간 주도로 바꿀 필요성을 절감했다. 결국 민간의 창조성을 발휘하게 만드는 민간 주도의 실업극복 단체를 만들어 오충일 목사와 명진 스님을 공동대표로 모시고 각 지역에 중심 센터를 연결했다. 이미 지역에서는 지금으로 치면 생활정치라고 할 수 있는 민간 시민단체들이 자율적으로 활동하고 있었다. 인천의 양재덕 대표와 이상림 센터장을 비롯하여 전북의 최인규 소장, 부산의 안하원 목사 등 당시 실업대란을 극복하고자 활발하게 활동하는 인사들이 이끄는 단체들이 결합하였다.

그런데 활동과정에서 이 단체 상근자들의 활동비가 걱정거리였다. 아무리 봉사정신으로 한다고 하더라도 기본적인 생활은 할 수 있도록 여건을 만들어 주어야 할 것 아닌가? 나는 실업극복국민운동본부에서 재정 지원을 받도록 영향력을 행사했는데 문제는 이 단체가 서서히 지원을 줄여 나가고 있다는 점이었다. 내가 비공식적으로 확인해 본 바 정부 일각에서 각 지역센터로 나가는 돈을 통제하려 하고 있었다. 지원금이 지역으로 나가면 센터 실무자들에게 도움이 되긴 하지만 이 센터 실무자들이 그 당시 진보정당에 속해 있는 경우가 많았기 때문에 견제해야 한다는 생각이었다.

당초에는 워낙 급했기 때문에 지원했지만 서서히 안정을 찾아 나가자 통제를 강화하기 시작했던 것이다. 나는 분노했다. IMF사태 당시 실업대란을 극복하고 신속히 사회안정을 이룰 수 있었던 것은 전국실업극복연대회의에서 희생적으로 일한 수많은 활동가들의 헌신 덕분이었다고 굳게 믿는다. 이제 이들을 실컷 이용해 놓고 쓸모가 없어지니 결국 버리는 것밖에 안 된다.

나는 독자적으로 재원을 확보해서 민간 인프라를 만드는 방안을 구상했다. 예산은 400억 정도로 하고 민간고용안정상담센터 설립안을 만들어 노동부와 협의를 시작했다. 실업문제를 해결하기 위해서는 단순 접근으로는 어렵다. 실업의 원인과 대책은 매우 복잡하며 섬세한 해결책이 필요하다. 나는 노동계가 실업문제에 발 벗고 나서서 대책을 강구하고 정부정책으로 반영하게 할 필요가 있다고 생각했다. 노동부도 처음에는 적극적이었지만 시간이 감에 따라 서서히 소극적 태도로 변하고 있었다.

나는 조급해졌다. 그러나 문제는 민주노총 내부에도 있었다. 민주노총 내부에서는 정부 지원금을 받는 것에 원칙적인 거부감이 있었다. 독자적으로 해야 하는데 정부예산을 받는 것은 자주성에 어긋난다는 것이다. 그러나 그것은 현실적으로는 아주 한가한, 그리고 무책임한 소아병적 논리였다. 민주노총은 정규직 중심이다. 그렇다면 임금의 일정 부분을 모아서 실업자나 비정규직과의 연대사업을 추진하면 된다. 실제로 비정규직 기금을 몇 억 모아 추진하기도 했다. 그러나 항상 재정 부족에 시달렸다. 그런 정도로는 한국에서 책임 있는 노동단체로서 일을 잘하고 있다고 할 수 없었다. 사업을 더 크게 확대해 심각한 상태의 비정규직, 실업자들에 대해 좀 더 가시적인 지원을 통 크게 진행해야 하는 상황이었다. 그렇게 하기 위해서는 재정이 관건이고 그것은 조합원 돈 몇 푼 모아서 해결될 상황이 아니었다.

실업문제는 국가적 문제이고 이 문제를 해결하기 위해 정부가 예산을 집행하는 것은 당연하다. 그리고 나의 경험으로 볼 때 자율성과 창조성을 발휘하자면 민간 자율로 추진해야 가능하다. 정부가 투자하면 노동계도 투자해서 매칭펀드 개념으로 하면 더 크게 사회안전망을 만들 수 있다고 보았다. 사실 노동운동이 발전한 유럽에서는 그런 사례가 일반적이다. 그런 힘이 노조의 위상을 강화하고 사회를 발전시키는 힘이 되기도 한다. 그러나 그 안은 민주노총 대의원대회에서 부결되었다. 정부 지원을 받는 것은 건물에 한정한다는 결정이었다. 답답했다.

명분이야 자주성을 지킨다는 것이었지만 그렇다면 지금 노조 간부의 임금이나 조합 사무실 임대료 같은 것은 왜 사측에서 받는가? 일관성이 없는 논리이다. 지금 실업문제나 양극화 문제를 해결하기 위해서는 혁명이 필요하다고 외치는 것만으로 부족하다. 현실에서 하나하나 책임 있게 해결하는 과정을 통해 근거가 축적되어야 한다. 나는 심각한 사회 현안에 대해 민주노총은 점점 더 무력한 단체가 되어 간다는 생각에 힘이 빠지고 있었다.

사회의 변화를 따라가지 못하는 정부, 국민의 변화를 따라가지 못하는 정치, 그리고 그들을 대변한다고 하지만 사실상 제대로 대변하지 못하는 무능력한 진보·개혁진영……. 결국 2008년 6월, 어린 중학생들이 촛불을 들었고 대중들은 스스로 들고 일어나기 시작했다. 이런 상황 속에서 나는 2008년 민주노총 정책연구원장을 맡게 되었다.

촛불의 충격 *

나는 소위 당내 친노라는 세력들에 대해 잘 알지 못한다.
그러나 내가 경험했던 당시 노무현정부에서 실제 권력을
담당했던 사람들은 역사적 책임이 있다고 본다.

　　이명박정부가 들어선 지 몇 개월 후 미국산 쇠고기 수입에 대한 항
의로 어린 소녀들이 촛불을 들었다. 2008년 5월 2일부터 시작된 촛불
은 이후 마치 강풍에 산불이 타오르는 기세로 연일 확대되었다. 나는
촛불시위대의 한편에 시민의 일원으로 참여하고 있었지만 마음은 착
잡했다. 어린 학생들과 시민들이 경찰의 철벽에 맞서 저렇게 투쟁하고
있는데 막상 진보개혁 진영의 지도자들은 무엇을 하고 있는가? 수십
년간 진보운동을 해온 집단들은 이제 대중들의 자발적 진출에 꽁무니
나 따라다니는 신세로 변한 것 아닌가? 투쟁의 방식이나 슬로건의 신
선함은 기존 운동진영에서 감히 따라가기 어려운 창의성이 번득였다.

그야말로 대중의 집단지성이 발휘되는 역사적 순간이었다.

  우리는 이런 대중들의 자발적 행동이 그냥 헛되지 않도록 노동조합의 역량을 최대한 발휘해야한다고 생각했다. 5월 27일 청계천 광장에서 미국과 재협상을 요구하는 기자회견을 열고 농성에 돌입했다. 이어 전국 각지의 물류센터에서 미국산 쇠고기의 반입을 막는 봉쇄투쟁을 시작했다. 대중들의 분노와 열기가 거꾸로 조직 노동자들을 움직인 것이다.

  나는 그 역사적 순간에서 무언가 깊은 근본적 변화가 진행되고 있다는 것을 느꼈다. 그것은 기존의 운동 지도부들은 이제 그 사명을 다하고 있다는 느낌이었다. 실제로도 그랬다. 대중들의 집회에서 연단에 설 수 있는 사람들은 소수였고 거의 자발적 시민참여자로 진행되었다. 특히 정치인들은 함부로 나설 수도 없었다. 이미 대중들은 기존의 정치와 지도자들을 인정하지 않고 있었다. 사회의 변화에 기존 기득권층이나 지도세력들이 부응하지 못하고 있기 때문이었다.

  그렇다면 변화의 핵심은 무엇이고 어떤 비전을 제시해야 하는가? 이 문제에 정확한 답을 내지 못하면 진보개혁 세력은 대중들의 진출을 가로막는 수구세력이 되고 말 것이다. 그리고 저 수많은 대중들의 피와 땀을 헛되이 하고 말 것이다.

  나는 그동안 내가 경험했던 수많은 국가정책들을 떠올렸다. 그리고 그런 국가정책들이 어떻게 만들어졌고 어떤 과정을 통해 시행되었는가를 되물었다. 그리고 그것이 어떤 점에서 국민들의 요구와 틀어지기 시작했는지를 찾기 시작했다. 물론 이런 질문들은 처음이 아니라 민주노총의 중앙 간부로서 일할 때부터 계속되었던 질문이다. 민주노총의 고용안정센터소장, 대변인, 정책연구원장 등을 역임하면서 역대 정권들과 정책 논의를 계속해 왔다. 국민의료보험 실시, 고용보험, 실업극복국민운동, 온갖 일자리 정책, 국민연금 정책 등 직간접적으로 국민들의 삶과 관계되는 대부분 정책에 관여하게 되었다. 특히 대변인 자리를 맡았을 때는 거의 모든 사회적 사안에 논평과 성명을 내야 했기에 하루에도 몇 개씩 성명이나 논평, 메시지들을 써야 했다. 따라서 모든 사안에 대해 정확히 파악하고 있어야 했다.

김대중, 노무현 정부 시절은 민주정부였지만 불행하게도 신자유주의라는 정치적 편향이 지배하던 시기였다. 소위 '좌측 깜빡이를 켠 채 우회전'하던 때라 정책 당국자들과 엄청나게 피곤한 관계가 될 수밖에 없었다. 소위 운동권이라는 사람들이 정권을 잡았지만 실제 정책을 가지고 이야기하다 보면 노골적으로 친자본 성향을 드러내면서 빠르게 기득권층과 결탁하는 모습을 볼 수 있었다.

IMF 외환위기 때도 지나치게 국민들의 허리를 쥐어짜는 요구를 무력하게 받아들인 까닭에 노동자들은 일방적으로 희생을 강요받았다. 내가 있던 민주노총도 당시 사회적 분위기와 요구에 어느 정도 타협할 수밖에 없었기에 많은 부분 정부의 노동시장 정책에 양보하게 되었다. 그러나 그 양보는 별로 보람이 없었다. 노동시장 정책에서 고용부문을 양보한 만큼 전체 사회적 안전망은 좀 더 강화되어야 했지만 그것은 그것대로 후퇴하고 있었다. 그야말로 '내 것은 내 것이고 네 것도 내 것이다.'라는 식이었다. 전 국민의 비정규직화, 전 국민의 저임금화가 정부 당국의 일관된 슬로건으로 느껴질 정도였다.

노무현정부에서는 이런 경제관료들의 신자유주의 정책을 내부적으로 통제하지도 못했고 또 문제의 심각성을 깨닫지 못했던 것으로 보인다. 나는 소위 당내 친노라는 세력들에 대해 잘 알지 못한다. 또 실체가 있다는 것도 과장된 것이라 생각한다. 그러나 내가 경험했던 당시 노무현정부에서 실제로 권력을 담당했던 사람들에게는 역사적 책임이 있다고 본다. 바로 국민들을 잘살게 하지 못하고 양극화를 심화시킨 책임이다. 이 문제는 여야 간의 보수, 진보라는 대립전선에서 자꾸 감추어지는 경향이 있는데 이것이 문제를 더 심화시켰다. 보수건 진보건 간에 실질적인 문제를 해결하지 못하고 이념을 이용해 자신들의 속셈이나 무능을 은폐해 왔다.

이념은 반드시 필요하고 이념 없는 인간은 없다. '내 가족의 행복이 최고야.'라는 것도 이념이다. 정치에서 이념이 없으면 위험하고 파쇼가 되기 쉽다. 문제는 대중들의 다양한 요구와 이해관계를 하나의 틀에 가두어 두고 억제하는 것이다.

사실 87년 민주화투쟁을 어찌 직선제라는 하나의 목표에만 가둘 수 있었겠는가? 엄청난 대중들의 다양한 욕구를 직선제라는 제도 개선

하나에 가두어 둔 결과 한국 사회의 다양한 변화와 발전 기회가 왜곡되어 버린 것은 아닌가? 결국 87년에 개헌을 이루는 데는 성공했지만 양김의 분열로 군사독재는 연장되었고, 이후 김대중의 승리로 정권교체를 통한 민주화는 이룩했지만 그 본질적 내용이라고 할 수 있는 경제민주화는 유보되고 있었다. 뒤이은 노무현정부는 노동이 시민권을 획득하게 하고 전체 사회적 연대를 더욱 강화하는 것이 그 역사적 책무였음에도 불구하고 재벌들의 손아귀에서 벗어나지 못하고 양극화를 심화시킴으로써 대중들의 기대에 부응하지 못했다. 안철수 현상은 이런 시대적 상황에서 폭발한 것이다.

이제 와서 결과적으로 볼 때, 말하자면 김대중, 노무현 정부의 탄생은 어쩌면 민중적 역량이 숙성한 최고점에서 터져 나온 것이 아니라 채 성숙하기도 전에 상대의 무능력으로 일찍 터져 버린, 어쩌면 너무 빨리 시장에 나온 덜 익은 감귤 같은 것이 아니었을까? 만일 친노가 당시 노무현정부에서 책임 있는 당사자들을 의미한다면 그런 의미에서 과오에 대한 엄중한 반성이 있어야 한다고 생각한다. 그런 반성 없이 여전히 다시 정권을 달라고 한다면 무엇이 바뀌었는지에 대한 설명이 있어야 한다. 그러나 내가 알기로 그런 것은 본 적이 없다. 대중들은 바보가 아니다.

기본소득론의 정립 ✳

소득은 노동의 대가가 아니라 '존재의 대가'라는 프레임으로 옮아가야

촛불투쟁이 한풀 사그러들 즈음 나는 이 아까운 동력이 그냥 소멸되어서는 안 된다는, 이것을 어떤 성과물로 한층 발전시켜야 한다는 생각이 들었다.

그 무렵 아마도 경희대로 기억하는데, 촛불에 대한 운동적 의미를 발제할 기회가 있었다. 발표가 끝나고 청중석에 앉아 있던 한신대 강남훈 교수를 우연히 만났다. 그 자리에서 나는 이대로 이렇게 있어서는 안 되고 뭔가 새로운 사회운동의 비전을 제시하는 것이 필요하다고 말했다. 강 교수도 내 의견에 적극적으로 찬성하면서 시립대 곽노완 교수를 추천했다. 이후 두 달간의 토론 끝에 나온 것이 '즉각적이고 무조건적인 기본소득'이라는 책자이다. 내가 현실적인 경험을 녹여 필

요성을 정리하고, 두 분이 각각 재원 확보와 운동의 사회적 의미를 정리한 책자이다.

내가 지닌 문제의식의 핵심은 이러했다. 첫째, 가치는 노동을 통해서만이 아니라 존재의 관계에서도 창출된다. 정보통신기술의 발달은 이러한 경향을 더 강화한다. 둘째, 고용 없는 성장은 기술발전의 필연적 결과이지만, 정작 문제는 그 과실을 일부 계층만 과점하는 것이다. 따라서 그 과실을 전체 인류가 공유하는 것이 필요하고 그러려면 '노동의 대가가 아니라 존재의 대가'라는 프레임으로 모든 사회과학적 인식틀이 전환되어야 한다는 것이다.

노동운동 역시 공장이라는 공간에서 정해진 시간에 따른 노동의 대가를 확보하는 것을 주요 전략으로 삼는 한 더 이상 진보적 의미를 지닐 수 없다. 특히 다수 비정규, 파트타임 노동자와 그 밖에 수많은 '아줌마 노동'에 대한 대표성을 상실할 수밖에 없다. 사용자 역시 마찬가지이다. 자신의 단기적 이해에만 몰두해서 이익의 원천인 노동에 대해 인건비 축소에만 매달린다면 그 기업은 황금알을 낳은 거위를 잡아먹는 것과 같은 일을 하는 것이다. 지금 한국 기업들은 한결같이 망하게 생겼다고 아우성들을 치고 있는데 그 핵심 원인은 바로 이익 창출의 원천인 노동을 이해하지 못하고 철저히 무시, 외면하는 데서 비롯된 것이다.

촛불과 안철수 현상, 그리고 기본소득을 관통하는 흐름이 있다. 진보개혁 진영이 이제 더 이상 시대를 끌고 가지는 못한다는 것이다. 그렇게 된 이유는 세상의 변화를 놓친 때문이다. 그 변화의 핵심에는 노동의 변화가 있다. 다시 말해 공장노동이 아니라 사회적 노동을 올바로 포착하지 못한 탓으로 시대의 요구를 제대로 대변하지 못했기 때문이다. 그래서 촛불이 터져 나왔고 안철수 현상이 터져 나온 것이다. 내가 주목한 것은 바로 그 지점이었다.

노동의 개념을 확대하다 ✳

보이는 노동을 넘어 '보이지 않는 노동'의 가치를 깨달아야

　무릇 조선은 하루아침에 망한 것이 아니다. 모든 나라의 흥망성쇠의 열쇠는 바로 사회적 생산의 으뜸 기반인 노동에 대해 어떤 태도로 임했는가가 핵심열쇠이다. 노동, 즉 국민을 무시하는 나라는 망한다. 오해를 피하기 위해 분명히 해 두자면 내가 쓰는 노동이란 개념은 특정 공간에서 시간당 계산하는 그런 노동만 포함하는 것이 아니라 훨씬 더 넓은 개념의 노동이다. 비정규직을 포괄할 뿐 아니라 가사노동 같은 그림자 노동까지 모두 포함한다.

　생각해 보자. 한 사람의 노동자가 직장에 출근해 일하기까지 얼마나 많은 '그림자 노동'이 수반되는가? 그 사람의 아이를 보살피고 가사를 통해 다시 밥을 먹고 옷을 입는 재충전을 위한 노동까지……. 그런데

그런 보이지 않는 노동은 무시된다. 가사노동은 '남녀의 역할분담'으로, 청년들의 열정노동은 '청년들만의 특권'으로 왜곡되어 경제적 가치가 무시되고 만다. 정규직 직원이 공장이나 사무실에서 정해진 시간에 멍하니 앉아 있는 것은 임금으로 계산되지만, 정작 그 외의 장소에서 열심히 일하는 자들에 대한 경제적 대가는 미미하거나 아예 없다.

'노동에 대한 무시'란 그런 의미에서 정규직 노동자들을 무시한다는 이야기가 아니라 우리 사회를 지탱하기 위해 이루어지는 수많은 보이지 않는 노동에 대한 가치를 무시한다는 이야기이다.

인터넷에서 아무런 대가 없이 댓글을 다는 사람들, 자기 시간을 투자해서 열심히 페이스북에 콘텐츠를 올리는 사람들이 없다면 지금처럼 통신산업이 발전할 수 있었을까? 환자가 없다면 병원은?

그뿐이 아니다. 얼마 전에 한 학부모 모임에 갔다가 기막힌 이야기를 들었다. 초등학교에서 봉사활동을 하는 학부모들이었는데 한 학교에 3~40명 정도 된단다. 이 학부모들은 자기 시간을 쪼개어 학생들을 가르치는 보조교사 역할을 하고 있는데 하루는 한 학생이 집에 가서 '존나'라는 비속어를 사용한 것이 문제가 되었다. 아이의 엄마가 그런 욕을 어디서 배웠냐고 야단치자 그 아이는 보조교사에게 배웠다고 둘러댔고, 그게 문제가 되어 그 학부모는 교감에게 언짢은 소리를 들었다는 것이다. 자원봉사 하는 학부모들은 일주일에 이틀씩 시간 내는 것도 쉽지 않은 일인데 잘한다거나 고맙다는 인사치례는 고사하고 조

▲ 성지초등학교 방과후 교실 풍경

방과후 선생님들이 학생들에게 지구환경을 지키기 위한 생활습관들을 가르치고 있다. 이들의 정성과 노력이 우리 사회의 보이지 않는 기둥들이다. '보이지 않는 노동'에 대한 인식 확대가 절실하다.

금만 잘못되면 욕이나 먹고 치맛바람 일으킨다는 소리나 듣는다고 힘들어 했다. 그런 일을 겪으면서도 쉽게 그만두지 못하는 것은 아이들이 학교교육만으로는 건전한 사회인이 되기 어려운 학교 현실에 있다고 말한다. 이런 학부모들의 보이지 않는 봉사노동은 우리 사회에서 어떤 역할을 하고 있는가?

이것은 하나의 예에 불과하지만 우리 사회는 이렇게 보이지 않는 노동에 얼마나 많은 신세를 지고 있는지 모른다. 그러나 이런 보이지 않는 노동에 대해 그것이 시키지 않은 일이라고 무시한다면 과연 그런 노동이 지속될 수 있을까?

그런 점에서 우리나라는 지금 망하고 있는 중이다. 많은 전문가들이 이러저러한 진단을 내리고 있지만 본질에서 비껴난 진단과 처방이 대부분이다. 문제를 회피해서는 안 된다. 지금 한국 사회의 가장 큰 문제는 노동의 무시이다. 그나마 이런 문제를 어느 정도 깨달았기 때문에 경제민주화가 주요한 시대정신으로 제기된다. 그러나 엉뚱하게도, 그리고 불행하게도 새누리당에서 먼저 차용해서 잘 써먹고 버렸다. 그러나 경제민주화는 그런 식으로 단물만 빨아먹고 버리는 껌이 아니라 온몸으로 버티고 지켜야 할 시대정신이다.

나는 고용 없는 성장 자체는 기술문명 발전의 결과라고 생각한다. 다시 말해 컴퓨터나 로봇의 발전으로 과거에는 100명이 100개를 만들었다면 지금은 1명이 100개를 만들 수 있는 세상이 된 것 아닌가? 이로

써 인류가 일찍이 꿈꾸던 유토피아를 눈앞에 그릴 수 있게 되었다. 단, 그 성과를 인류 전체가 공유할 수만 있다면……. 다시 말해 이제 그만큼 생산성이 높아졌기 때문에 일주일에 3일만 일하고 나머지 4일은 자기계발에 몰두할 수 있는 세상이 될 수 있다는 이야기이다. 문제는 이러한 생산수단이 사유화되어 있어 그 생산수단에서 나오는 성과도 소수의 개인에게 귀속된다는 점이다. 그렇다고 생산수단을 몽땅 공유화하는 것은 과거 공산주의의 실패를 되풀이하는 것이 될 것이다. 따라서 시장경제를 기본으로 하되 변화된 기술 발전에 따라 노사관계와 사회복지 정책의 틀을 재정비할 필요가 있다. 그 핵심은 노동시간의 획기적 단축이고, 동시에 생산된 부에 대해 인류 전체가 기본적인 생활은 가능하도록 일정 부분 분배하는 기본소득제이다.

물론 이것은 하나의 방향이지 현실의 정책으로 전환하는 것은 여러 가지 요소를 감안해야 할 것이다. 나는 성장만 하면 복지는 저절로 해결된다는 성장론자도 아니지만 복지를 통한 선순환을 강조하는 복지 우선론자도 아니다. 성장과 복지가 동전의 양면처럼 돌아갈 수 있는 사회제도의 설계가 필요하다고 말하는 것이다. 원래 진보라는 것이 그렇다. 앞으로 나아가는 것이다. 인류는 더 과감히 나아가야 한다. 더 발전된 기계문명을 추구해야 하고 과학기술의 발달을 통해 우주로도 나아가야 한다. 우리 인류에게 부여된 창조성을 해방시켜야 한다. 그리고 그것을 가능하게 만드는 필수조건이 내가 말하는 노동시간 단축과 기본소득이다. 부연하자면 이것은 하나의 깃발이고 이정표이지 현실의 구체적 정책을 말하는 것이 아니다. 정책으로 전환되는 과정은 사회 구성원 간의 이해와 타협으로 진행되어야 한다. 과정을 무시한 이념은 성공할 수 없다.

나는 나의 이론에 대해 두 권의 책을 내고 강연활동을 활발히 전개했다. 진보정당들을 비롯하여 다양한 주민들이 관심을 갖고 지지하고 또 네트워크 활동에도 참여하기 시작했다. 그러나 오히려 민주노총 내부에서 반대하는 목소리가 나오기 시작했다. 한편에서는 너무 급진적이고 비현실적이라는 비판이 있었고, 또 한편에서는 그것은 자본주의의 실패를 보완해 주는 개량주의일 뿐이라는 비판이었다.

나는 강하게 반박했다. 고소득 연봉자들은 사실상 대기업 노동자들이고 이들은 독과점을 누리는 대기업의 임금 전략에 포섭되어 있는 것이다. 우리가 받고 있는 고임금이 기업 단위로 볼 때 정당한 노동의 대가이긴 하지만 구조적으로 볼 때 독과점 구조에 소외되어 있는 노동자들의 처지를 고려해야 한다. 만일 노동운동이 이 문제를 계속 간과하고 건드리지 않는다면 결국 사회적 고립을 면하기 어렵고 결국 애초 우리의 목표는 달성하기 어렵게 될 것이라고 설득했다. 그리고 나의 이론에 따라 그런 구조적 문제, 즉 기업의 독과점을 철폐하고 과도한 이윤의 독점을 막기 위한 전면적 세제개혁안을 만들었다고 설명했다. 한마디로 불로소득에는 좀 더 강한 세금을 매겨서 재원을 확보하는 것이다. 이런 제도는 별로 새롭다고는 할 수 없다. 스위스나 스웨덴 등 복지 강국들은 이미 당연한 사회적 의무이기도 하다. 우리나라에서 증세를 이야기하면 선거에 떨어진다고 다들 금기로 여기는데 그러나 더 이상 이 문제를 회피해서는 안 된다.

사실 '사회적 대타협'이란 먼저 이와 같은 조세개혁을 앞세워 진행해야 한다. 그러나 지금 박근혜정부가 이야기하고 있는 '노동개혁'이란 민주정부 시절 몽둥이로 실컷 두들겨 놓아 이미 만신창이를 만들어 놓은 위에 다시 쇠파이프로 두들겨 패겠다는 것에 불과하다. 이것은 그동안 노동이 얼마나 속으로 골병들어 왔는지를 모르는 참으로 위험한 발상이다. 지금 비정규직과 실업자가 늘어나고 양극화가 심화된 것은 노동개혁이 안 되어서가 아니라 오히려 양극화를 심화시키는 재벌과 관료들의 담합구조를 더욱 강력하게 만들어 노동의 가치를 무력화시켰기 때문이다.

저항이 없다면 과거는 희망을 낳을 수 없다.

안철수는 노원병 보궐선거에서 당선되어 현실정치를 시작했다. 나는 안철수 의원 수석보좌관으로 국회에 들어가 일점돌파 전략의 실현과 조직정비에 온 힘을 기울였다. 새정치민주연합으로 합당 뒤 당직을 맡았으나 기존 정당의 틀 속에서 좌절을 맛보았다. 김포 재보궐선거 출마과정에서 기성 정치의 벽과 정글의 생리를 새삼 절감했다.

제3부

새정치를 위한 도전

안철수 현상에 주목한 이유 ✷

안철수 현상은 현실 정치에 절망한 민중의 에너지가
안철수라는 한 개인을 통해 분출의 계기를 찾은 것이다.

87년 노동자 대투쟁의 분출과 약진, 그리고 97년 IMF 외환위기 시기
의 투쟁을 정점으로 민주노조운동은 서서히 정체기로 접어들고 있었
다. 내부 정파들의 완고한 태도들, 그리고 얼마 못 가 바뀌는 대중 지도
자들 속에서 활동가들도 서서히 지쳐 가고 있었다. 운동은 점점 관성
화되어 가고 있었고 일반 조합원들과의 정서적 괴리 또한 점점 깊어져
갔다. 시장경제론이 득세하면서 소위 노동전문가라는 사람들도 그들
의 논리를 부분적으로 수용하기 시작했다.

나는 이런 현상에 대해 심각하게 생각했다. 그래서 시장경제에 대해
본격적으로 공부해 볼 생각으로 1996년 서강대 경제대학원에 진학했
다. 야간이기 때문에 무척 힘들었지만 사력을 다해 공부했다. 하이에

크를 비롯한 시장경제론자들의 생각을 이해하면서 상당한 흡입력이 있다는 생각을 했다. 특히 서강대 경제학과는 시장경제 전문가들이 많아서 매 강의마다 무척 흥미로운 주제들을 다루었다.

노동운동가가 서강대 경제대학원에서 시장경제를 배운다는 것은 참으로 생소한 일이었다. 진영논리로 말하자면 적진에 들어가 공부한 셈인데 나는 '지피지기라야 백전불태'라는 격언을 떠올리면서 이들의 논리를 나의 시각으로 재구성해 갔다. 지나고 나서 생각해 보면 역시 잘했다는 생각을 한다. 상대의 논리에 대해 더 깊이 이해하게 되었고 우리의 부족한 점을 생각할 수 있게 되었다는 것은 그만큼 나의 논리를 설득력 있게 정리할 수 있다는 것을 의미한다. 나중에 경제계 사람들을 만날 때도 이때 공부의 경험이 무척 도움이 되었다.

또 하나의 문제의식은 진보운동의 관성화와 선명하게 대비되는 대중의 역동성이었다. 처음 강렬하게 이런 문제를 느낀 것은 2002년 월드컵 때이다. 그때 온 국민이 붉은 티셔츠를 입고 붉은악마로 나서서 거리거리를 메우며 보여 준 폭발적 응원의 열기는 엄청난 충격이었다. 첫째는 붉은 것에 대한 소위 레드콤플렉스를 과감히 깨버리는 모습을 보여 준 것이고, 둘째는 '악마'라고 스스로 지칭하면서 착해야 한다는 강박관념까지 깨는 모습을 보였다고 느꼈다.

나는 이러한 역동적 에너지의 근원이 어디서 오는 것일까 생각했다. 아무래도 6.25와 군부독재를 거치면서 억압된 민중적 에너지가 분출할 곳을 찾지 못하다가 좀 더 안전해 보이는 월드컵 응원 열기라는 촉매제를 활용해 폭발한 것 아닐까라는 생각이 들었다. 결국 인간의 욕망을 억누를 수 있는 것은 없다. 문제는 이 욕망을 건강한 방향으로 끌고 가야 하는데, 지금 사회는 보수든 진보든 이러한 인간의 욕망문제를 올바로 처리하지 못하고 있다. 결국 이러한 에너지는 때로는 나이트클럽에서, 그리고 월드컵 때 붉은악마를 통해서, 그리고 촛불집회로 승화되고 있는 게 아닐까라는 생각이 든다.

2005년 경 나는 진보적 노동운동이 점점 침체해 가는 상황에서 활로를 모색하기 위해 더 깊은 공부가 필요하다고 느꼈다. 그렇게 한동안 고민하다가 '수유너머'라는 지식공동체에서 이진경 교수와 고미숙 선배를 알게 되었다. 이들과 합류하여 3년 정도 하이데거, 스피노자, 니체, 푸코, 들뢰즈 등 서양철학과 루쉰, 박지원 등 동양철학을 함께 공부하게 되었다. 정말 미친 듯이 파고든 결과 이제까지와는 전혀 다른 새로운 세상을 발견하게 되었다. 사람은 노력하면 제3의 눈을 가질 능력이 있다. 세상은 눈에 보이는 것이 다가 아니고 보이지 않는 세상이 훨씬 더 깊고 넓다. 그리고 의외로 그 보이지 않는 것이 세상을 움직인다.

나는 이들과의 교류를 통해 근대주의적 사고방식의 한계를 보게 되었다. 뉴턴의 세계관과 아인슈타인의 세계관은 다르다. 쉽게 말해 뉴턴은 눈에 보이는 세계, 즉 3차원을 보았고 그 세계의 법칙을 정리했다. 그러나 아인슈타인은 4차원의 세계를 보았고 시간과 물질의 관계를 보았다. 빠르게 움직이는 물체에서 시간은 느려진다는 사실을 상대성이론으로 설명했다. 문제는 사람들은 여전히 뉴턴적 세계관으로 세상을 본다는 것이다. 그만큼 세계관은 쉽사리 바뀌지 않는 것으로, 한 세계관에서 다른 세계관으로 옮아가는 과정이 100년은 걸린다고 한다.

우리나라의 정치도 마찬가지이다. 새누리당은 여전히 근대주의적 시각으로 세상을 보고 있다. 그 점에서는 야당도 별 차이가 없다. 진보정당들은 서구의 진보사상을 받아들이는 과정에서 1세대 정치보다는 진보했지만 여전히 근대주의적 한계 속에 정치를 보았기 때문에 비전 제시에 실패하고 있다. 세상은 빠르게 변화하고 있는데 이들을 이끌고 비전을 제시해야 할 정치권이 무력하기 때문에 대중들은 항상 뭔가 다른 새로운 것을 찾게 된다.

'수유너머'의 연구자들과 치열한 토론을 거치며 철학과 과학, 심리학, 인간의 뇌과학 등에 대해 더 깊은 사색을 하게 되었다. 그 사색의 결과 중 하나로 세상은 노동이 아니라 존재 자체가 가치를 창조한다는 깨달음을 얻게 되었다. 그 철학적 사유의 결과는 기본소득론의 이념적 기초가 되었다.

그리고 그 철학적 사유의 또 다른 결과로 안철수 현상에 주목하게 되었다. 촛불을 밝힌 에너지와 안철수 현상을 일으킨 에너지는 본질적으로 동일한 힘이 작용한 것이라 생각했다. 진보개혁 세력이 지체되어 더 나아가지 못하는 그 지점에서 탈출구를 찾지 못하고 고여 있던 에너지가 폭발한 것이다. '안철수 현상'이란 현실의 정치가 어찌하지 못하는 그 지점에서 안철수라는 한 개인을 통해 민중적 에너지가 분출의 계기를 찾은 것이다.

나는 지금 정체되어 있고 화석화되어 가고 있는 진보개혁 진영이 이러한 에너지와 결합하여 제도적 구조적 버팀목을 만드는 것이 역사적 과제라고 생각했다. 그래서 2012년 7월 노동포럼 발족 창립세미나에서 이런 내용을 발표했다. 아울러 안철수 개인은 안철수 현상을 감당하지 못할 수도 있다고 예언(?)했다. 우리는 오랜만에 터져 나온 안철수 현상이라는 역동적 에너지를 그냥 흘려보내지 말아야 한다고 역설했다. 진보진영은 지금 현실을 똑바로 보고 민중의 지혜를 배우며 낮은 자세로 결합해야 한다고 주장했다.

안철수 후보와 우리 노동포럼이 결합하게 된 것은 개인적 인연 때문이 아니라 이와 같은 시대적 요청이 있었다고 생각한다.

진심캠프는 왜 실패했는가? *

안철수 진영 안에는 미분화된 진보, 중도, 보수가 혼재해 있었으나
그것을 효과적으로 통합하여 시너지를 극대화할 수 없었던 집이
지지율이 정체되는 원인이었다.

대선은 야당의 패배로 끝나고 안철수 후보의 진심캠프는 해산했다.
많은 회한과 아쉬움을 남기고 다들 뿔뿔이 흩어졌지만 우리 노동포럼
은 그럴 수 없었다. 우리는 정권교체와 진보세력의 재편이라는 두 가
지 목표를 갖고 있었다. 하나는 실패했지만 또 하나는 여전히 남아 있
다. 진보세력의 재편이라는 목표는 어떻게 가능할 것인가라는 주제로
연일 내부 토론이 벌어졌다. 진심캠프에서의 경험은 우리에게 무척 소
중한 정치적 자산이 될 것이었다. 진심캠프는 해산되었지만 정권교체
를 위해 모였던 많은 사람들은 다시 끼리끼리 모여서 새로운 모색을
하고 있었다. 몇 군데 모임이 있어 나가 보았다. 다들 회한들이 많아서

모이면 말들이 많았다. 이런저런 평가들이 있었지만 통일적 평가는 진행되지 않았다. 나로서는 이해가 안 되는 일이었다. 어떻게 이런 큰 사업을 하고도 평가조차 하지 않고 있는가? 나중에 백서를 추진하고 있다는 이야기를 듣긴 했으나 결과가 어떻게 되었는지는 알 수 없었다. 나는 우리 노동포럼이라도 평가를 하자고 해서 평가회의를 조직했다.

지금 돌이켜 생각해 보면 참으로 안타까운 점들이 많았다.

우선 새정치를 실현시킬 정치적 주체가 준비되어 있지 않았다. 기존의 정당체제에 도전하면서 새정치를 표방한 것은 안철수 세력의 가장 핵심적 기치였다. 그러나 실제 정치의 동력을 만들어 내고 준비하는 과정은 그리 간단한 것이 아니었다.

안철수의 인기를 이용해서 자신의 정치적 야심을 실현시키고자 하는 인사들도 많이 모여들었으나 이들을 검증할 주체가 없었다. 자발적 조직들은 폭발적으로 만들어졌으나 이를 수용하고 재교육시켜서 새정치의 이념을 확고히 할 수 있는 체계는 준비되지 않았다.

한편으로 지나친 순혈주의는 지원군을 막는 진입장벽 효과를 부추겼고 가로막힌 이들은 적이 되어 버렸다. 이런 상황은 다시 지지율에 반영되면서 지지율의 정체로 이어졌고 단일화 협상의 주도권을 잃고 있었다.

이런 상황에 대한 문제가 제기되었지만 변화는 없었다. 이때의 캠프 전략은 사실 조직보다는 단일화에 승리한 후 민주당 조직을 활용하는 것으로 방향을 잡고 있었다. 만일 그렇다면 조직이 아닌 바람이 중요한데, 그것은 정책적 의제의 폭발성이 필요한 상황이었다. 그러나 국회의원 정원 축소, 중앙당 축소, 당론 폐지 등 조직으로서의 정당이 아닌 네트워크정당 등이 주로 강조되면서 오히려 정치적 신자유주의라는 비판에 직면하게 되었다.

가장 큰 문제는 중도주의적 태도였다. 사실 박근혜 후보와의 대결에서는 유효한 전략일 수 있지만 문재인 후보와의 후보 단일화를 담판이 아닌 여론조사 등의 형식으로 결정하는 국면에서는 과도한 중도노선 고수 전략이 조직세 구축에도 불리했고 진보적 유권자들에게 확장성을 갖는 데에 제약으로 작용했다. 나중에 국민후보론을 강조했는데 이것 역시 다소 공허하게 들리면서 정책적 헤게모니를 발휘하기 어렵게 되어 갔다.

정치에서 대표란 항상 구체적 근거가 있어야 한다. 국민 전체를 대표하는 국민후보란 개념은 허구에 불과하다. 모두를 대표한다는 것은 사실상 아무도 대표하지 않는 것이다. 현대 민주주의는 사회의 여러 부분의 이익을 대표하는 후보와 정당들의 경합 체제이고 경합에 참여하는 부분의 이익들의 내용이 분명해야 책임성이 생기는 것이다. 그래야 약자들의 이익과 요구도 표출될 수 있고 경청될 수 있으며 그 결과 민주정치의 기반이 튼튼해지고 사회통합의 효과가 발생하는 법이다. 갈등이 없는 것처럼 포장할 것이 아니라 갈등을 인정하고 그것을 해결하는 과정이 정치의 본질이다. 그래서 갈등을 보다 분명히 드러내고 그 대표성을 명확히 할 때 민주주의가 발전하게 된다.

이런 경향은 단지 진심캠프만의 문제가 아니었다.

정치가 일반 시민들의 삶의 세계와는 유리되어 미디어 친화적인 인물 중심으로 전개되는 상황이 심화되었다. 점점 여론시장 이외의 자리에서는 정치를 느낄 수 없게 되어 가고 있었다. 정치 전문가들이 지적하는 대로 정치의 공간은 마을에서, 학교에서, 공장에서, 사무실에서, 체계적으로 사라지고 있는 중이다. 더는 일반 대중의 조직으로 기능하지 않게 된 정당은 여론 동원체 이상이 아니게 되었다. 그 결과 캠프에서 조직 담당의 역할은 사라지고 그 자리를 여론조사 전문가 내지 정치마케팅 전문가가 대신하게 되는 것이다.

이러한 민주주의의 길을 신자유주의형 민주주의라고 한다면 이 길은 바로 그동안 민주당이 적극적으로 개척해 온 것이었다.

지금 생각해 보면 안철수 진영의 문제점들은 그것이 일정한 노선을 기반으로 나왔다기보다는 준비 부족과 역량의 한계에서 파생된 것들이 대부분이었다. 안철수 진영 안에는 미분화된 진보, 중도, 보수가 혼재해 있었고 선거 과정에서 그것이 효과적으로 통합하여 시너지를 극대화할 수 없었던 점이 지지율 정체의 원인이 되었다고 생각한다. 이에 대해 어느 한 개인에게 책임을 묻는 것은 적절치 않다. 어느 정치 집단이건 처음부터 세계관이나 입장이 같은 사람이 모이는 법은 없다.

특히 진심캠프에서는 이념적 스팩트럼이 다양한 사람들이 한데 모여 있었다. 중요한 것은 공동의 목표를 분명히 하고 그 길로 같이 걸어가는 것이다. 그런 과정에서 떨어져 나갈 사람은 나가고 남을 사람은 남는 것이다. 이 과정에서 내부 권력투쟁은 불가피하고 그것을 나쁘게 볼 수도 없다. 그것은 정치집단의 속성이기 때문이다.

나중에 안철수 후보 본인도 후회했다.

"정책을 백화점식으로 만들 것이 아니라 먼저 정책기조를 수립하고 그 기조에 따른 구체적 실행사항을 중심으로 정책을 만들어야 했다. 수평적으로 서로 다른 기조의 교수들을 모아서 만들고 있으니 서로 자기 입장을 고집하면 진도를 나갈 수 없는 상황이었다."

나는 평가안을 들고 미국으로 가서 안철수 후보를 만나기로 마음먹었다. 메일을 보냈더니 답장이 왔다. '기다려 달라. 자세한 것은 조광희 변호사를 만나 상의하라. 다 이야기해 놓았다.' 안 후보는 감청이나 도청을 우려하여 흔적 남기는 것을 극히 꺼렸다. 이 간단한 메시지에 담은 의미가 무엇일까? 그것은 아마도 조기 귀국을 의미하는 것이 아닐까 생각했다.

당시는 2013년 4월 재보궐 선거를 두고 논란이 분분하던 때였다.

안철수의 귀국과 총선 출마 ✳

더 낮은 자세로 다시 시작하겠습니다.

2013년 3월 10일 아침, 휴대폰의 진동벨이 울렸다. 노동포럼 회원들과 함께 도봉산수련원에서 세미나를 하고 있던 중이었다.

"보궐선거 출마를 결심했으니 도와주셨으면 합니다."

미국에서 출발하기 직전 공항에서 안철수 후보가 걸어온 전화였다. 이미 몇몇 사람들과는 의논한 터였기에 두말 않고 알겠다고 했다.

다음 날 한국에 도착한 안철수 전 후보는 기자회견을 열고 노원병 보궐선거 출마선언을 공식화했다. 우리는 사실 몇 주 전부터 출마에 대비한 준비 작업을 하고 있었다. 어렵사리 살 집을 구하고 이사 준비에다 사무실까지 알아보느라 바삐 움직이고 있었다. 조직은 내가 맡고 총무, 행정은 정기남 부실장이 맡았다. 귀국 다음 날 새벽 나는 노원 집으로 갔다. 첫 일정은 현충원 국립묘지 참배였다. 안철수 후보는 '더 낮은 자세로 다시 시작하겠습니다.'라고 방명록에 적었다.

거의 '맨땅에 헤딩'하는 일이라 초반에 우왕좌왕할 수도 있었지만 다행히 도와주는 사람들이 많았다. 노동센터의 강승규 위원장을 비롯하여 노원교육복지재단 탁무권 이사장은 시민사회 단체를 조율해 주었고 최경식, 김종원, 이형남, 임윤영, 서종화, 김성환 등 노원 지역에서 이미 터를 잡고 있던 분들이 자기 일처럼 나서 주었다.

누구보다도 민주당 지역위원장으로 있던 이동섭 동지는 대의를 위해 자신을 희생하는 용기를 보여 주었다. 지역구를 맡아서 갈고 닦으며 준비한다는 것이 얼마나 힘든 일인지 솔직히 그때는 잘 몰랐다. 그러나 오랜 현장경험을 통해 나는 바닥에서부터 준비해 온 사람이 자신의 꿈을 접어야 하는 아픔이 진하게 느껴져 그의 손을 잡았을 때 눈시울이 붉어졌다.

나로서는 노회찬 씨가 삼성X파일 건으로 억울하게 의원직을 상실한 지역이라 마음이 무거웠다. 선거유세 도중 차 안에서 나는 조심스럽게 이런 심정을 안 후보에게 토로했다. 안 의원은 "저도 마찬가지예요. 그러나 한 지역구라도 여당에게 가는 것보다는 낫겠지요."라고 조용히 말했다.

우리는 선거에서 두 가지 원칙을 고수하려 했다. 첫째는 깨끗한 선거, 둘째는 네거티브하지 않는 선거라는 원칙을 세웠다. 둘 다 현실적으로 매우 어려운 과제였지만 철저히 지켰다.

또 지역에서는 그동안 정치과정에서 켜켜이 쌓인 갈등들이 존재했다. 이런 내부적 문제들은 시한폭탄이 되어 언제 터질지 모르는 것이었다. 조심스럽게 하나하나 제거하면서 조직의 질서를 잡아 나갔다. 무엇보다 안철수 본인이 사력을 다해 새벽부터 밤늦게까지 뛰었다. 그 과정은 정치인으로 새롭게 거듭나는 과정이었다. 비록 인기도 있고 유명한 인사였지만 출마하는 순간 후보는 을이 되기 마련이다. 잘 모르는 주민도 있었고 정치인과 악수하기 싫어하는 사람도 있었다. 면전에서 거부하는 일도 종종 있었고 악수할라치면 도망가 버려서 한참을 쫓아가 악수를 하기도 했다.

아침 지하철에서 명함을 나누어 줄 때의 일이다. 한 시민이 그냥 무심히 지나치다가 안철수 후보인 것을 알고는 다시 돌아와 악수를 청했다. 그런데 눈가에 눈물이 맺혀 있었다. "힘내세요!" 하고 다시 출근길을 재촉하는 시민을 멀리서 지켜보면서 나도 같이 울컥했다.

나는 깊은 생각에 잠겼다. 국민들의 저토록 절실한 기대에 우리는 부응하고 있는가? 그리고 그 기대를 저버리지 않고 우리의 꿈을 실현시킬 수 있을까? 솔직히 자신할 수 없었다. 저런 기대와 호응은 우리가 조금만 실수하면 바로 돌팔매로 바뀔 것이다. 민심이 얼마나 빨리 변하는가를 뼈저리게 경험해 온 나로서는 오히려 더 조마조마한 마음이었다.

상계동은 재개발 지역으로 대단히 어려운 지역이었다. 경제적으로 곤란한 형편에 있던 사람들이 많아서 상대적으로 진보 후보에 대한 선호도가 높았던 지역이었다. 우리는 다른 지역보다 이 지역에 더 정성을 들여야 한다고 생각했다. 나는 빈민 지역에서 철거반대 운동을 해봤기 때문에 정서를 잘 알고 있었다. 이들은 안철수 후보에 대해 아직 미심쩍어 하고 있다는 것을 알았다. 아마 나였어도 그러했을 것이다.

상계동 주민들이 재개발정책 관련 공청회를 열어 후보들을 초청했다. 캠프에서는 그런 토론회에 나가면 안 된다는 사람들이 있었다. 가봐야 욕만 먹고 진보세력들이 공격해 오면 부담스럽다는 것이었다. 나는 화가 났다. 그런 식으로 쟁점을 회피하면서 무슨 정치를 하겠다는 것인가? 안 후보는 흔쾌히 참여를 결정했다. 공청회의 결과는 기대 이상으로 평가가 좋았다. 이제 좀 더 어려운 사람들에게도 정서적으로 교감하는 후보가 되어 가고 있었다.

선거운동 내내 한 몸처럼 붙어 다녔던 나는 안철수 후보가 점점 더 강해지는 것을 느꼈다. 낯을 많이 가리고 사람과 만나는 것을 힘들어하던 사람이 대중과의 만남 속에서 스스로를 점차 변화시켜 가는 것을 보는 것은 즐거운 일이었다. 그러나 여전히 지나치리만큼 맑은 성정 그 자체는 변화하기가 어려웠다. 그것이 사람들이 그와 가까워지려고 해도 잘 되지 않는 부분이기도 했다. 더구나 자신들의 이해관계에 따라 정치를 하려는 사람들은 금방 표시가 나고 그것에 대해 안철수 후보는 상당히 민감한 편이었다. 이해관계가 아니라 소명으로서의 정치를 시작한 그로서는 뭔가 냄새(?)가 나는 듯한 그런 정치인들과는 체질적으로도 정서적으로도 어울리기가 어려운 것이었다. 그것은 강점이기도 했지만 약점이기도 했다.

안철수 후보와 뭔가 특별한 관계를 원했던 정치인들은 그러한 관계를 형성하지 못하자 역으로 소원해지는 경향이 생겼다. 그런 사람들이 만만한 나에게 불만을 토로하면 항상 하는 대답이 있었다. '안철수를 이용해서 뭔가 하려고 하지 말고 당신이 생각하는 새정치를 하라. 그러면 자연히 만나게 될 것이다.' 물론 그것이 얼마나 힘든 일인지 안다. 그러나 특히 정치는 고도의 자기 책임성이 요구되는 일이다.

선거란 전쟁이기에 극도의 긴장 속에 하루하루를 보내게 된다. 그런 긴장 속에서도 보이지 않게 곳곳에서 도와주는 동지들이 큰 힘이 되어 주었다. 지금도 노원선거에서 우리 곁을 지켜 준 수많은 동지들의 얼굴들이 떠오른다. 정말 고마운 사람들이었으나 아직도 마음의 빚을 다 갚지 못하고 있다. 특히 노동센터의 강승규, 곽태원, 김형철, 남궁현, 민경옥, 오충용, 정용해, 이용식, 김태일 등 많은 동지들은 숙식을 함께 하면서 밤낮으로 미친 듯이 거리를 돌아다녔다. 비 오는 날에도 우산을 들고 마주치는 사람들에게 인사를 하면서 거리를 쓸고 다녔다. 이들의 노고는 어떻게 말로 다할 수가 없는 희생 그 자체였다. 안철수 의원도 선거를 마치고 첫 식사 자리에서 '동지들'이라는 말을 쓰면서 고마워

했다. 그러나 우리는 이렇게 희망을 가지고 자신을 던질 기회가 있었다는 것이 오히려 고마웠다.

선거 막바지에 나는 탈진해서 쓰러졌다. 아침에 노원의 임시 숙소에서 나오는데 어지러워 도저히 버틸 수가 없었다. 고종민 본부장에게 전화하니 금방 달려와 주었다. 마침 토요일이라 병원이 쉬는 곳이 많았지만 어떻게 수소문해서 응급처방을 받을 수 있었다. 사실 20여 일 동안 거의 잠을 못자고 강행군해 온 셈이었다. 나뿐 아니라 조직을 맡았던 강승규 본부장도 거의 탈진 상태였지만 조금도 쉬지 못하고 있었다. 그러나 마음은 편안했다. 승리를 예감하고 있었기 때문이다.

2013년 4월 24일 드디어 선거일이 다가왔다. 개표방송이 시작되면서 우리는 안도의 한숨을 쉬었다. 비록 여론조사에서는 우위를 보이고 있었지만 새누리당의 조직력이 풀가동되고 있어서 안심할 수 없었다. 종편의 정치전문가들은 개표 직전까지도 안 후보의 패배 가능성을 점치고 있었다. 그러나 우리는 여론조사 지지율을 훌쩍 뛰어넘는 60.5%를 득표했다. 이것은 이 지역의 전통적인 야당표와 진보세력의 표를 합친 것보다 약 4% 더 나온 것이었다.

보수세력이 총집결해서 노원 바닥을 쓸고 다녔음에도 불구하고 이런 결과가 나온 것은 안철수 후보의 확장성이 얼마나 큰가를 보여 주는 산 증거가 되었다. 우리는 승리했다. 그것도 내용적으로 완벽한 승리였다. 그러나 나는 그 승리를 만끽할 수 없었다. 이후 당장 국회 등원을 위해 준비해야 할 것들이 있었기 때문이다.

선거 승리 다음 날 점심, 노원의 어느 조용한 한식집에서 안철수 당선자와 마주 앉았다. 안철수 당선자는 '나와 같이 국회로 가서 좀 도와 달라.'고 했다. 나는 승낙 조건을 제시했다.

"앞으로 둘이 있을 때는 쓴소리를 많이 하게 될 겁니다. 그것을 양해해 주신다면 저도 최선을 다해 보겠습니다."

안철수 후보는 눈을 크게 뜨고 가끔 보이는 장난스런 표정으로 말했다.

"그렇게 합시다."

국회 입성 ✻

'통쾌하다'─장모님의 말씀처럼 정곡을 찌르는 표현은 들은 적이 없었다.

보궐선거가 끝나자마자 나는 바로 국회의 4급 보좌관으로 임명되어 국회의원회관으로 출근해야 했다. 맨날 시위하고 민원을 넣기 위해 의원회관을 들락거리긴 했지만 직원 자격으로 출근하는 것은 또 다른 경험이었다.

의원회관 앞에서 마주친 홍영표 의원이 "진작 3선은 했어야 할 사람이……."라면서 놀리듯 말했지만 "내가 언제 자리 보고 살아온 적이 있었나?" 하고 웃어넘겼다. 아버님은 기뻐하시면서도 "정치라는 게 정말 힘든 건데 자식이 한다니 말릴 수는 없고……."라며 걱정하셨다. 장모님도 생각난다. 장모님은 팔순이 훨씬 넘으셨는데 항상 쪽머리를 하고 한복을 단정히 입고 계신 모습이었다. 내가 인사드리러 가자 환히 웃으면서 '통쾌하다'고 말씀하셨다. 아! 그 말처럼 정곡을 찌르는 표

▲ 국회의원 안철수의 첫 생일을 축하하며 케이크 전달

노원병 보궐선거 승리로 국회 입성 후 맞이한 안철수 의원의 첫 생일.
조촐한 케이크와 선물로 축하했다.

현은 들은 적이 없었다.

　장모님은 1년 후 숙환으로 별세하셨다. 떠나시기 전 병원으로 병문안 갔을 때 거의 거동을 못하시는 속에서도 나에게 딸기를 쥐어 주며 먹으라고 하셨다. 나는 어머님의 모습과 겹쳐 눈물이 났다. 평생 돈을 못 벌어 딸에게 고생만 시키는 사위가 얼마나 야속하셨을까……. 그러나 한 번도 나에게 그런 기색 없이 백년손님 대하듯 이것저것 챙겨 주고 신경 써 주셨다. 장모님…… 내게 좀 더 잘 모실 기회를 주셨더라면…….

　19대 국회에 재보궐선거로 등장한 안철수 의원에게는 두 가지 과제가 있었다. 하나는 초선의원이자 보건복지위원으로서의 임무와 또 새로운 정치를 해 달라는 국민적 여망을 짊어진 대권 후보로서의 행보였다. 그러나 이 과제를 담당할 시스템은 아직 갖추어지지 않은 채였다. 대선캠프는 해산된 후 뿔뿔이 흩어졌고 보궐선거 때 가동된 조직 정도만 남아 있었다.

　의원실에는 이제 막 신현호, 주준형, 박애주 등 보좌관들이 들어왔지만 다들 의정 경험은 별로 없는 상태였다. 나는 수석보좌관을 맡아 의원실과 외부 지원세력을 재조직하고 새로운 정치세력화의 방향을 잡는 일을 동시에 해야 했다.

　의원실에서 첫 전략회의를 할 때 나는 일점돌파 전략을 제안했다. 일점돌파란 전선을 넓게 치는 것이 아니라 핵심적인 한 가지 지점부터 교두보로 확보하고 그것을 근거로 확대해 가는 전략이다. 안철수 의원은 초선의원이다. 우선 의원으로서 기본적 과제에 충실해야 한다는 것이 나의 생각이었다. 뭐든지 기본이 서야 더 큰일을 할 수 있는 법이다. 그래서 복지위 의원으로서 국민 실생활에 도움이 되는 법안을 만들고 그 법안을 각 당의 의원들 협조를 얻어 관철시키는 일을 진정성 있게 하자는 생각이었다. 안철수 의원이 한 사람 한 사람 의원들을 만나면서 설득해 가는 과정에서 동지도 구할 수 있을 것이었다. 이른바 홈런보다는 타점을 차분히 올리자는 것이다.

그러나 일부에서는 또 다른 의견을 제시했다. 이미 대권후보인데 법안을 만드는 것은 별 의미가 없다. 다른 대권후보들도 의원으로서의 역할은 미미하다는 것이다. 그러나 이 논리는 당을 가지고 있는 후보와 아닌 후보의 차이를 이해하지 못한 것이라고 생각한다. 우리는 조직이 없는 속에서 만들어 가야 한다. 그럴 계기들을 차분히 만들어야 했는데 이후 그 과정을 생략한 채 민주당과 통합하고 당 대표가 되면서 제대로 된 개혁그룹을 형성하는 기회를 만들지 못했던 것이다.

그동안 남아 있던 역량들을 결집하고 안철수 의원의 의정활동을 지원하기 위해 장하성 교수가 소장을 맡고 최장집 교수가 이사장을 맡는 연구소를 만들기로 했다. 그런데 초기에 이 연구소의 위상이나 성격과 관련해서 역할분담이 명확하지 못했던 것 같다. 이 과정에서 최장집 교수가 이사장직을 사퇴하기에 이르렀다. 나는 난감해서 인사동 커피

숍에서 한 시간 이상 설득을 시도했다. 교수님이 충분히 일하실 조건을 만들어 드리지 못한 것에 진심으로 죄송하다고 말씀드리고 정치의 발전을 위해서 조금만 더 역할을 해주십사고 간청했다. 그러나 최장집 교수의 결심은 이미 확고하여 되돌리기 힘들었다. 그는 오히려 나를 걱정했다. 정치에서 노동의 역할이 중요한데 매우 힘들어 보인다면서 그게 마음에 걸린다고 하였다. 그러니까 선생님이 좀 더 계셔야 한다고 간곡히 요청했으나 이제 자신은 다른 자리에서 도울 수 있는 것은 도와주겠다고 말씀하셨다. 안철수 의원도 난감해 했다.

사실 안철수 의원은 일에 있어서 맺고 끊음이 무서울 정도로 확실한 사람이었다. 특히 인사든 조직문제든 공사가 분명해서 연구소 운영은 자신이 관여할 일이 아니라고 생각하고 있었다. 자신이 전혀 모르고 있던 상황에서 갑자기 그런 통보를 받고 무척 힘들어 했다. 그러나 안철수 의원은 어쨌든 모든 문제에 대해 무한책임을 져야 하는 위치에 있었다. 국회 들어와서 첫 시련이었다.

연구소 사업은 초기에 혼선이 있었다. 안 후보는 정책개발을 중심으로 생각했던 것 같고 연구소의 기획위원들은 조직화에 좀 더 방점을 찍었다. 연구소는 전국 각지에 네트워크를 만들고 실행위원들을 선정했는데 이것이 나중에 내부갈등 요인이 되었다. 지역에서 정치를 하려는 사람들은 안철수 의원이 당을 만들지 않는 상황에서 연구소 조직이 나중에 당 지역조직이 될 것으로 예상하고 참여하려 했으나 연구소 각 조직 단위에서는 아무나 받을 수는 없는 상태였다. 나름대로 지역에서 신망 있는 인사들을 위원으로 위촉하는 과정에서 잡음이 생기고 다양한 갈등이 표출되었다. 특히 각 지역의 일꾼들이 일하는 사업방식에서 관료주의나 일종의 완장질 같은 부정적 태도들도 많이 제기되고 있었다.

안철수 의원은 특히 이런 일에 민감했고 또 난감해 했다. 새로운 정치는 새로운 인물들이 필요하며 무엇보다도 지역에서 헌신하고 신망받는 그리고 사회에 책임 지는 검증된 인사가 필요하다고 생각했다. 그러나 현실에서 정치를 하겠다는 사람들 중 이런 기준에 맞는 사람들을 어떻게 선택할 것이며 또 그것을 심사하는 사람들은 그럴 만한 자격이 있을까? 우리는 신진세력으로서 그런 일을 수행할 만한 내부 인프라를 갖추지 못한 상태였다. 그래서 빨리 조직의 지도부를 세우고 좀 더 조직적으로 일하기로 하고 적극적으로 지도부를 구성할 인사들을 만나기 시작했다. 그리하여 나는 많은 인사들을 만나게 되었다.

그중 김덕룡 민화협 대표는 안철수 같은 정치인이 실제로 나라의 미래를 대표하는 정치인이 되어야 한다고 하면서 국민동행을 창립하여 지원세력을 만드는 일을 하였다. 상도동계로서 보수적 인사들을 결집하는 데 중요한 역할을 할 수 있는 분이었다. 그 외에도 윤여준, 김효석, 박호군, 이계안, 윤장현 등 많은 정치계 선배들을 만나게 되었고,

2013년 11월 새정치추진위가 뜰 때 이분들이 주요 지도부를 구성하게
되었다. 나는 한편으로는 안도했지만 또 한편으로는 불안한 느낌도 있
었다. 안도했던 것은 의사결정을 하기 위한 논의구조가 갖추어진 것은
기본조건이 만들어진 것을 의미하기 때문이었다. 하지만 과연 새정치
를 감당할 지도부가 될 수 있을까에 대해서는 확신이 없었다.

내부 조직노선을 둘러싼 갈등 *

창당이냐 국민운동체냐?

　　새정치를 실현하기 위한 조직의 방침을 두고 내부에서는 이견들이 생겨나고 있었다. 가장 큰 이견은 창당의 과정과 시기에 관한 것이었다. 대다수 소장그룹들은 빨리 창당해야 한다는 입장이었다. 이들은 창당 못할 이유가 없다고 보고 다가오는 지방선거에서 최소한 한 석이라도 건지면 충분히 교두보를 만들 수 있고 민주당에 대해서 흡수통합도 가능하다고 보았다.

　　그러나 다른 의견은 창당은 시기상조이고 좀 더 기다려야 한다는 의견이었다. 안철수 의원 본인은 신중론에 가까웠다. 안철수 의원의 가장 큰 고민은 사람 문제였다. 창당을 같이하고 정치를 책임질 마땅한 인사를 찾는 데 어려움을 겪고 있는 것 같았다. 그리고 막상 창당을 위해 조직을 완성하고 나면 일종의 진입장벽이 생겨서 정말 넓은 의미에서 대중적 신망을 받는 창당을 하기 어려워진다고 걱정했다. 좋은 외부 인사를 영입하기 힘들어진다는 것이었다.

딜레마였다. 새로운 정치세력화를 위해서는 새 틀을 짜야 한다. 많은 사람들이 그 틀은 당이 되어야 한다고 생각했다. 그러나 당을 만드는 문제는 한국 정치의 틀을 새로 짜는 문제이다. 공통의 이념이 있어야 하고 그것을 담당할 주체가 분명해야 한다. 그렇지 않으면 실패할 가능성이 매우 크다. 그 실패는 안철수 개인의 실패로 끝나는 것이 아니고 국민과 역사에 대해 엄중한 과오를 범하는 것일 수도 있다.

2013년 4월 국회 첫 등원을 한 후 11월 새정치추진위가 결성되고 2014년 2월 17일 새정치연합 창당준비위가 뜰 때까지 우리를 괴롭힌 문제는 바로 이것이었다.

새로운 정치를 갈망하는 국민적 여망이 강력하게 우리를 밀어붙이고 있었지만 그것이 창당으로 발전하기까지는 여러 가지 문제가 있었고 이것이 해결되지 않은 채 창당 수순으로 간 것은 우리의 역량상 무리가 있었던 것 같다. 솔직히 이야기하자면 몸이 덜 풀린 운동선수가 갑자기 100m 라인에 서서 출발하려고 했던 것이다.

이 과정에서 많은 사람들이 상처를 입었다. 중간에서 실무 책임을 상당 부분 지고 있던 나로서는 대단히 고통스러웠다.

사실상 캠프의 핵심들이었던 젊은 실장급 인사들은 원로들 중심으

▲ 안철수의원실 수련회에서 즐거운 식사시간

국회에 들어가 처음 맞이한 여름휴가. 그동안 같이 고생했던 의원실과
정책네크워크 식구 등과 함께 강원도 정선 계곡으로 수련회를 갔다.

로 지도부가 구성되자 실무자급으로 위상이 떨어지는 결과가 되었다. 주요 의사결정 구조에서 참여하지 못하게 되면서 다양한 우려와 불만이 나오기 시작했다. 중간에 합류한 원로 지도그룹들도 자신의 역할과 조직의 나아갈 방향에 대해 혼선이 있었다.

중앙의 이런 혼선은 지역으로 내려가면서 더욱 심각한 조직적 혼란을 야기하게 된다. 이런 상황에서 피할 수 없는 정치일정은 다가오고 있었다. 중간에 끼어 있는 나로서는 각각의 불만을 다독거리는 일에 점점 더 지쳐 가고 있었다. 가끔 박경철 원장과도 장시간 토론했지만 걱정을 같이할 뿐 박 원장 또한 도울 수 있는 일은 이미 별로 없었다.

안철수 의원의 고민은 더 깊어 갔다. 나로서도 다 이해할 수 없는 또 다른 고민이 있었으리라 짐작하지만 가장 큰 고민은 역시 사람 문제였다고 느꼈다. 당장 지방선거에 사람을 내보내야 하는데 정말 적절한 후보를 만들기는 쉽지 않았다. 새정치에는 새 인물이 필요하다. 그러나 당선 가능성까지 고려하면 이미 기존 정당에서 많은 부분 포괄하고 있었기에 실제로 그런 후보를 찾기는 어려웠다. 이 문제는 사실상 민주당과의 통합으로까지 이어진 직접적 원인이기도 하다.

민주당과의 통합 배경 ＊

정치는 가끔 모든 상식을 뛰어넘는다.

　새정치연합으로 창당한 후 첫 시험대는 6.4 지방선거였다. 안 의원
이 처음부터 공들인 후보는 김상곤 경기도 교육감이었다. 그동안 살아
온 이력이나 인품 등 모든 면에서 새정치에 적절한 인물이라고 생각
하고 영입에 매우 적극적이었다. 나로서도 과거 민주노총 정책연구원
장 시절에 자문교수로 같이 활동한 바 있어 그 인품을 잘 알고 있는 터
였기에 중간에서 소통 역할을 하게 되었다. 안 의원과 함께 두어 차례
별도로 만나서 여러 가지 측면에서 이번 선거에 우리 당의 후보로 출
마해 주십사고 요청했다. 김상곤 교육감은 깊이 고민해 보겠다는 입장
이었다. 나중에 강남훈 교수나 김동선 특보를 통해 확인한 바로는 교
육감을 한 차례 더 하는 것에 방점이 크다는 것을 알게 되었다. 그리고

만일 나온다면 당선 가능성이 어느 정도 있어야 하는데 야당이 분열된 상태에서 당선 여부는 불확실했다. 불확실한 선거에 뛰어드는 것은 너무 위험하다는 주위 참모들의 의견도 상당히 강력했다.

결국 김상곤 후보 측은 출마 조건을 내걸었다. 즉, 양당이 같이 합의하여 추천해 달라는 것이었다. 어쩌면 후보 입장에서는 불가피한 조건일 수 있었지만 양당의 입장에서는 어려운 요구였다. 각 당의 내부에서는 서로 자기가 나서겠다고 덤비는 강력한 후보들이 있는 조건에서 당대표가 일방적으로 정리하는 것은 또 다른 분란을 초래하는 것이었다. 영입 협상이 지지부진해지자 김상곤 교육감은 배수진을 쳤다. 3일 내로 답변이 없으면 그냥 교육감 출마 기자회견을 하겠다는 것이었다.

이제 막 탄생한 새정치연합의 입장에서는 김상곤 후보의 출마는 조직의 명운이 걸린 전략적 문제였다. 정치세력화의 결실을 거둘 수 있는가 없는가 하는 중요한 지점이었고 민주당 입장에서는 안철수 의원을 압박할 수 있는 좋은 카드였다. 김상곤 후보 측 역시 두 세력의 연합 공천은 양보할 수 없는 카드였다.

비상상황에서 마지막 담판이 여의도 모처에서 안철수 의원과 김상곤 교육감 사이에 있었다. 어떤 구체적 제안이 오갔는지는 나도 알 수 없었다. 회담이 끝나고 나오면서 안 의원은 내게 귓속말로 이야기했다. '여러 제안을 했고 또 다른 상황이 있으니 회견을 연기해 달라고 했다.' 도대체 어떤 절충책이 있을 수 있을까? 도저히 상상이 가지 않았다.

그러나 정치는 가끔 모든 상식을 뛰어넘는다. 나는 이것이 민주당과의 통합을 의미하는 말인 줄 나중에서야 알았다.

험난한 통합의 길 *

많이 힘드시죠? 도와주세요….

2014년 3월 2일.

이날은 일요일이었다. 나는 조기축구 모임에 나가서 회원들과 운동하다가 국회로 가기 위해 좀 일찍 나왔다. 차에 타서 전화기를 확인했더니 집에서 전화가 와 있었다. 아내에게 전화를 하니 아내가 물었다.

"통합한다는데 무슨 일이지?"

나는 한편으로는 황당했지만 한편으로는 올 것이 왔다는 느낌이 들었다. 아직 공개하기는 어렵지만 근래 여러 가지로 불안한 느낌들이 많이 있었다. 나는 급하게 새정치연합 사무실이 있는 여의도 동해빌딩으로 차를 몰았다.

사무실은 어수선하고 혼란스러웠다. 실무자들은 다들 낙담과 비탄,

그리고 묘한 기대감이 뒤섞인 표정들이었고 지도부들도 표정들이 어두웠다.

안철수 의원은 위원장실에 있었다. 나는 안 의원에게 말했다.

"이 사안은 대단히 엄중하고 중요한 사안입니다. 이 과정에 대해 국민들에게 회초리를 맞는다는 심정으로 기자회견을 하셔야 합니다. 왜 이런 과정에 이르게 되었는지 아주 솔직하게 국민들에게 설명하고 이해와 협조를 부탁하셔야 합니다. 그렇지 않으면 많은 사람들이 실망하고 떨어져 나갈 것입니다."

안 의원은 사무실에 있던 사람들로 실장급 회의를 소집했다. 합당과정에 대한 설명을 하고 후속 조치에 대한 역할분담을 지시했다. 그리고 내가 말한 내용으로 기자회견을 준비하도록 실무진에게 지시했다. 다들 별다른 이견은 제기하지 않았지만 표정들은 모두 어두웠다. 뭔가 잘못되어 간다는 느낌이 강한 듯했다.

이 사태를 수습하고 정리할 체계는 정확히 서 있지 않았다. 과정이 너무 전격적이었기 때문에 수습할 사람도 안철수 본인 외에는 없었다. 실무를 총괄하던 김성식 전 의원은 '새정치의 꿈은 당분간 접는다.'는 간략한 소회를 남기고 떠난 상태였다. 그래도 윤여준 전 장관을 비롯하여 남은 지도부와 간부들이 통합에 대비한 역할을 정리한 뒤 나는 의원실에서 비서진들과 회의를 했다. 비서진 중에는 눈물을 흘리는 이도 있었다. 나는 '어떤 종류의 역사적 결단은 토론을 통해 할 수 없는 것이 있다. 어차피 이렇게 될 것이었다면 지금 잘 수습하는 게 중요하다. 우리는 흔들리지 말고 최선을 다하자.'라고 했지만 나 역시 마음 한 구석이 무너져 내리고 있었다.

그날 밤 안철수 의원의 부인인 김미경 교수에게서 전화가 왔다. 목소리는 깊고 무거웠다.

"많이 힘드시죠? 저도 몰랐습니다. 도와주세요."

내가 무슨 말을 할 수 있겠는가? 나도 몇 마디 위로의 말씀을 드렸던 것 같다. 나는 안 피우던 담배를 찾아 꺼내 물고 밤하늘을 바라보면서 길게 연기를 뿜었다.

통합 야당의 당직을 맡다 *

정치인이 성장하는 과정에서 필요로 하는 사람은 각 단계마다 달라진다.
참모들은 그 단계에 맞게 자기성장을 하든지 아니면 물러서든지 해야 한다.

다음 날부터 정신이 없었다. 종편에서는 통합의 의미를 보도하기보
다는 통합과정에서의 가십거리에 열중하고 있었다. 전체적으로 뭔가
통합에 상처를 주려는 의도가 분명해 보였다. 나는 이것을 극복하려면
빨리 통합의 명분을 부각시키는 방향으로 아젠다 전환을 해야 한다는
생각이 들었다. 최태욱 교수를 만나 통합의 목적과 의미를 살리는 비
전 제시가 필요하다고 제안했다. 최 교수는 평생 정치혁신 문제를 연
구해 온 사람이라 감이 빨랐다. 혁신 아젠다를 구성하되 당과 독립적
위상을 갖는 비전위원회를 구성해서 각계 여론을 수렴해서 아젠다를
만들어 발표하면 좋겠다는 안을 내놨다. 문제는 시간이었다. 지금 같
은 상황이 계속되면 상처만 남는 통합이 되고 그러면 아무런 시너지

도 나지 않는다. 기껏 통합했는데 지지율이 답보 상태라면 무슨 의미가 있겠는가? 나는 바로 다음 날 최태욱 교수와 함께 국회에서 최재천 의원을 만났다. 취지를 설명하고 대략적인 기조를 잡았다. 이후 당대표의 재가를 받아 최태욱 교수가 간사를 맡고 각계 전문가가 참여하는 '새정치비전위원회'가 출범했다. 비전위원회가 혁신안을 만드는 동안 당은 지방선거 준비에 들어갔다.

선거는 모든 쟁점들을 빨아들이는 블랙홀이다. 정치를 하겠다는 강렬한 요구는 당의 그 어떤 활동보다 강한 동력을 가진다. 이 역동적인 동력에 대한 과정 관리가 당의 운명을 가른다. 안철수 의원은 당의 공동대표로서 이제 의원회관보다는 본관의 대표실에서 머무르는 시간이 많아졌다. 나도 내 거취를 고민할 때가 되었다. 대개 정치인이 성장하는 과정에서 필요로 하는 사람은 각 단계마다 달라진다. 참모들은 그 단계에 맞게 자기성장을 하든지 아니면 물러서든지 해야 한다. 그것이 정치판의 현실이다.

나의 거취문제와 관련해 안철수 대표와 상의했다. 안 대표는 당 대당 통합이 되었으니만큼 이제는 당에서 일해 주었으면 했다. 직책은 부총장이나 노동위원장 자리가 적절치 않겠느냐는 것이었다. 나는 여러 가지 상황을 고려해 고사했다. 나와 같이 고생한 동지들이 많이 있는데 그 동지들을 그 자리에 배려하고 내 거취는 좀 더 검토해 보자고 했다. 며칠 후 결국 직능위원회 수석부의장을 맡는 것으로 결정했다.

직능부문을 강화해야 한다는 것은 평소 나의 소신이기도 했기 때문에 두말없이 받아들였다. 안철수 대표는 '직능수석부의장은 사실 대표가 당연직 의장이기 때문에 서열상 굉장히 높은 자리이니 최선을 다해 사업을 만들어 보기 바란다.'고 격려해 주었다.

사실 당은 지역 중심이기 때문에 각종 부문단체들에 대해서는 별로 신경을 쓰지 않는 경향이 있다. 여당은 직능위원회가 대단히 잘 조직되어 있으며 규모도 매우 크다. 그러나 당시 새정치민주연합의 직능위원회는 공동수석부의장으로 나와 이상직 의원이 있었고 산하 각 부문위원회가 16개나 되는, 외형으로는 방대한 조직이었지만 실무자는 3명뿐이었다. 그것도 두 명은 을지로위원회로 파견 나가 있거나 선거 실무에 동원되는 등 일할 수 있는 시스템이 전혀 아니었다. 나는 선거용 직책이 필요한 것이 아니었기에 실제로 당을 변화시키고 조직의 뿌리를 내릴 수 있는 사업을 하고 싶었다. 그래서 각종 간담회나 직능별 정책사업들을 영역별로 만들어 가기로 하고 각 단위 사람들을 만나기 시작했다. 그러나 이런 활동도 선거 시기를 맞아 모든 실무자가 선거실무로 파견되면서 제대로 진행할 수 없었다. 물론 야당 생활을 오래해 온 당직자들에게 공연히 헛힘 쓰지 말라는 충고를 많이 받았다. 당의 비상근 직책이란 선거 출마를 위한 경력관리용에 불과할 뿐 당의 집행체계가 전혀 받쳐 주지 않기 때문에 할 수 있는 일은 거의 없다는 충고였다.

나는 그런 말을 들을 때마다 답답하고 안타까웠다. 국민들은 야당이 야당답게 잘하길 바란다. 그리고 정치가 제 역할을 좀 제대로 했으면 한다. 그러나 그런 국민적 여망을 실현시켜야 할 당의 모습은 부실하기 짝이 없다. 의원들은 자신의 지역구 관리를 통해 차기 총선에서 살아남는 것이 당면한 최대 과제일 뿐 당 자체를 현대화하고 발전시키는 문제에 대해서는 전혀 자기 일처럼 생각하지 않는다. 당 지도부는 수시로 바뀌다 보니 당 운영을 시대정신에 맞추어 정말 책임감 있게 이끌어 가지 못한다. 당을 개혁할 주체가 실종되어 버린 것이다.

새정치연합은 호남 세력과 친노, 노사모 세력이 주축으로 짜여 있다. 총선을 앞두고 안철수 진영과 당 대 당 통합을 했지만 사실상 안철수 의원의 지지도만 필요했을 뿐이었다. 안철수 의원은 호랑이굴에 들어가 호랑이를 잡겠다고 했지만 호랑이는 없고 하이에나들만 북적이고 있었다. 기존 486세력들은 당 개혁을 해보려고 몸부림쳐 보았지만 그들의 힘으로도 역부족이었다. 도대체 어디서 당의 개혁 동력이 만들어질 수 있을까?

답은 하나뿐이다. 노동 세력, 직능부문 세력 등 각 사회단체들의 집단적 이해관계를 조정하고 실현하는 풀뿌리 조직들이 지도부에 결합하고 대중적 토대를 만들어 가는 것 외에 답이 없다. 또 그런 조직적 대표성을 통해 계층 갈등을 조정하는 것이 정치의 본질이다. 그러나 막상 그런 조직들은 앞선 민주통합당 건설 과정에서 대부분 다 흡수되었기에 남아 있는 세력이 거의 없다. 그나마 있다면 아직도 진보정당과의 관계 속에 남아 있는 세력들뿐이다. 나머지 독자세력들은 국민모임 등 새로운 제3당 추진세력으로 모아지고 있으나, 이 역시 지도자도 약하고 재정도 약한 가운데 힘을 얻지 못하고 있다. 나는 안철수 진영과 결합한 노동정치연대포럼이 통합과정에서 당의 개혁 동력으로 조금이라도 기여하기를 바랐다. 그러나 실제 개혁주체로서 작동할 만한 여건도 되지 않았고 내부적인 힘도 모아 내기 쉽지 않았다.

나는 깊게 탄식했다.

정말 중요한 시기인데 우리는 어떻게 이렇게 사분오열되어 있는가?

이런 분열 사태를 종식시키고 강력한 개혁주체를 꾸리는 지도자는 어디서 나타날 수 있을까?

당이 스스로 혁신하기를 기대하는 것은 연목구어에 불과한 것일까?

지방선거에서도 새정치는 없었다 *

결과는 참담했다. 선거에서 깨진 동지들의 아픈 심정을
들어야만 하는 내 가슴은 시커멓게 멍들어 갔다.

당은 선거의 컨셉도 분명히 하지 않은 채 6.4 지방선거를 치르게 되
었다.

세월호 사건의 여파로 야당에게 유리할 것이라 예상되었지만 실제
진행과정은 달랐다. 나는 세월호 사건에서 새겨야 할 가장 큰 교훈은
기득권 간의 유착관계 청산이라 생각했다. 세월호가 운항이 가능했던
것은 해양수산부가 무리한 운항이 가능하도록 방조했기 때문이고 그
래서 '해피아'라는 말까지 생겨난 것이다. 국민들은 고양이에게 생선
을 맡겨 놓고 생선이 무사하길 바라고 있었던 셈이다. 이것이 어찌 해
양수산부만의 문제이겠는가?

이런 엄청난 사건이 일어났으면 그 핵심을 분명히 하고 선거에서 핵

심 쟁점으로 부각시켜야 나라가 조금이라도 발전할 것 아닌가? 나는 그것이 '유착관계 청산'이라고 생각하고 정치는 이런 시대적 요구에 답해야 한다고 생각했다. 유착관계 청산에서 중요한 것은 '새 인물'이다. 사람을 바꾸지 않으면 유착관계가 청산되기는 어렵다. 물론 인물교체만으로 되는 것은 아니고 제도 정비가 뒤따라야 하지만 그 물에 놀던 사람이 그대로 있으면 결국 썩고 마는 것이다. 나는 국민들에게 유착관계 청산이라는 구호를 내걸고 그에 걸맞은 새 인물을 과감하게 공천해서 국민의 심판을 받아야 한다고 생각했다.

그러나 정치는 당위가 아니고 힘 관계에서 결정된다. 안철수 의원은 공동대표의 한 사람이지만 당내 기반은 거의 전무한 상태였다. 간신히 광주에서 윤장현 후보를 공천할 수 있었지만 그것도 지역 내 엄청난 저항에 부딪혀 고생하다가 우여곡절 끝에 대역전극을 만들어 내었다. 그렇게 광주 하나 지켜 내기도 버거운 상태에서는 다른 지역을 생각할 여유조차 없었다고 할 수 있다.

내가 있는 인천 지역도 매우 어렵게 선거가 진행되었다.

송영길 시장의 출마를 돕기 위한 캠프를 구성할 때부터 잡음이 발생했다. 공동위원장 중의 한 사람이었던 박영복 위원장이 안철수 지지 세력들을 규합해 캠프에 결합했으나 조직 구성에서 핵심 부분은 다 배제하고 별동부대처럼 취급한다는 불평들이 들려왔다. 나중에는 선거 후 안철수 지지 세력은 다 배제할 것이라는 흉흉한 소문까지 돌았다.

걱정이 된 나는 인천 지역을 따로 챙기기로 하고 사람들을 만나 보았지만 이미 판이 다 정리되어 어떻게 조정할 여지가 없는 상태로 굴러가고 있었다. 새정치 세력들은 기존 세력과의 융합에 실패했고 이들을 통합해서 당 통합에 따른 지역적 시너지를 만들어 낼 지도력도 존재하지 않았다. 결과는 안타까운 패배였다. 어떤 강력한 아젠다도 없고 조직적 통합력도 없는 상태에서 치른 선거의 필연적 결과였다.

참담했다. 선거에서 깨진 동지들의 아픈 심정을 들어야만 하는 내 가슴은 시커멓게 멍들어 갔다. 우리가 이런 꼴을 보려고 통합했던가? 새정치의 희망을 품고 도전했다 좌절한 사람들의 실망감은 매우 컸고 이는 안철수 대표에 대한 원망으로 번져 갔다. 인천내일포럼은 거의 와해지경이 되면서 공동위원장이던 박영복 위원장도 책임을 지고 사퇴하였다.

이런 상황에서 분노와 무거운 책임감을 느끼지 않을 수 없었다. 진정한 의미에서의 새로운 정치를 해보겠다고 살아온 세월이 근 30년이 된다. 노동운동을 통해서 민중을 위한 정치를 해보려고 했고 민주노동당이라는 진보정당의 실험을 해보았다. 그것도 한계를 느끼고 안철수와 함께 새정치를 실현하기 위해 민주노총을 떠나 노동포럼 동지들과 함께 현실정치로 투신한 지 2년의 세월이 흘렀다. 안철수의 새정치가 실패한다면 우리 대한민국에 어떤 희망이 있을까? 각자 개인의 정치적 이해관계만 따지고 국회의원 자리만 생각한다면 다양한 선택지가 있을 것이다. 그러나 진정 정권교체를 하고 새로운 정치를 하고자 한다면, 그 희망을 살리려면 다른 대안이 있다고 생각하는가?

나는 안철수의 새정치 말고는 다른 대안이 없다고 생각했다. 그러나 안철수의 높은 지지율은 거품이 다 빠져 버려 한 자릿수로 떨어진 지 오래다.

이제 나는 어떻게 해야 하나? 이런 상황에서 그냥 정치평론이나 하고 당 고위직에 자리나 차지하고 앉아 있으면서 기회나 보고 있어야 하나? 돈도 없고 지지도도 없는 사람이 할 수 있는 것이 도대체 무엇인가?

7. 30 보궐선거 ✳

당의 혁신도 새로운 세력의 진출도 불가능한 구조가 되어 가고 있었다.
나는 현실의 높은 벽을 절감하고 또 한 번 좌절을 경험해야 했다.

　나는 고민하고 또 고민했다. 그리고 곧 있을 7.30 보궐선거에 출마할
것을 결심했다. 이유는 오직 하나, 그냥 이대로 있다가는 새정치는 힘
도 못 쓰고 좌초하고 말겠기에 죽더라도 발버둥질치며 당에 호소하고
당의 변화를 위해 한 몸을 바치는 것이 필요하다는 결론이었다. 내가
불쏘시개가 되고 소모품이 되는 한이 있더라도 나가는 것이 옳지, 이
렇게 그냥 가만있는 것은 비겁한 짓이라는 심정이었다.

　새정치민주연합이 창당된 지 두 달이 조금 지난 6월 초순경으로 기
억한다.
　당 최고전략회의가 열렸을 때 김한길 대표가 회의장에 들어서자마

자 사람들에게 질문했다.

"우리 당의 정체성? 우리 당의 전략이 뭐죠?"

당시 소통공감위원장 송호창, 전략위원장 김재윤 의원 등이 몇 마디 말했다.

나는 절박한 심정으로 말했다.

"그런 문제 제기는 대단히 중요합니다. 그런데 우리는 그런 전략을 만든 적이 있습니다. 통합하면서 비전위원회를 만들었고 그 위원회에서 안을 만들어 제출했습니다. 그런데 우리는 그것에 대해 가타부타 토론을 하지 않고 있습니다. 만일 의견이 다르다면 토론해서 정리해 주어야 합니다. 당의 정체성과 전략은 대단히 중요합니다. 이 문제에 대해 진지한 토론 없이 선거를 치른다면 지난 지방선거의 패배를 되풀이할 것입니다."

두 공동대표와 박영선 원내대표가 나를 쳐다보았다. 김한길 대표는 몇몇 사람에게 빨리 안을 마련하라고 이르고 서둘러 회의를 마쳤다.

나는 평소 공식회의에서 적극적으로 자기 의견을 개진하는 스타일이 아니었다. 그러나 지역에서 느끼는 체감은 당이 무너지고 있으며 지역 정치인들의 원망이 하늘을 찌를 정도라는 느낌이었다. 당 지도부의 한 사람으로서 이런 상황에서 눈치만 보고 있을 수는 없었다. 그러나 마음 한구석에 어쩐지 잘 안 될 것 같은 깊은 회의도 함께 밀려오고 있었다.

안철수 대표에게 나의 보궐선거 출마 문제를 상의했다. 안 대표는 신중한 입장이었다. 며칠 뒤 '힘들지만 한번 해보자'는 답이 왔다.

우리 노동정치연대포럼의 동지들에게도 보고하고 정식 안건을 제기했다. 남산유스호스텔에서 열린 노동포럼 운영위에서는 전폭적 지지로 나의 출전을 격려해 주었다. 출전의 변을 밝히는 자리에서 나는 나도 모르게 울컥해서 말을 잇지 못했다. 그동안 우리 노동형제들과 함께 걸어온 험난한 길들이 생각났다. 멀리 왔지만 여전히 우리는 길바닥에 서 있고 험난한 길을 걸어가야 한다. 누가 알아주지도 않았지만 우리는 책임감으로 지금까지 버텨 왔다. 이제 다들 나이 들어 머리는 희끗하고 얼굴에 깊은 주름이 패었지만 끝날 수 없는 우리의 희망을 위해 오늘도 걷고 있다. 이들에게 조그마한 희망이라도 될 수 있으면 좋겠다는 것이 당시 나의 소망이었다.

막상 중요한 것은 당내 경선을 통과하는 일이었다. 기자회견을 하고 김포에 예비후보로 등록했다. 김포 지역은 내가 사는 계양의 인접 지역으로 같은 생활권이어서 부담이 덜했다. 사무실을 구하고 기본적인 인적 배치를 마쳤다. 그런데 난데없이 김두관 전 경남지사가 김포에 도전장을 내밀었다. 그전에 김 전 지사와 만나서 미리 협의한 바도 있었고 그는 서울 지역에 출전할 것을 희망하고 있었다. 서로 역할분담을 하기로 했으나 막상 공천과정에서 조정이 잘 되지 않은 것이다. 정치란 비정한 측면이 있다. 어제까지 동지였지만 지금은 경쟁자가 되어 나타났다. 그러나 개의치 않았다. 단지 경선룰만 공정하게 되면 결과에 승복할 생각이었다. 문제는 룰이었다.

공천 과정에서 몇 차례 혼선이 있었지만 결국 4자 경선으로, 그리고 완전 국민 여론조사로 결정하는 것으로 결정되었다. 인지도 면에서 현저히 열세인 신진 후보로서는 하나마나한 게임이었다.

결국 후보 사퇴를 결심하고 물러섰다. 그 과정에서 당내 인사들과 협의를 했지만 역부족이었다. 사실 신진 세력이 지명도 있는 인사와 겨룬다는 것은 대단히 힘든 조건이다. 그러나 이렇게 해서는 당의 혁신도 새로운 세력의 진출도 불가능한 구조가 되어 가고 있었다. 현실의 높은 벽을 절감하고 또 한 번 좌절을 경험해야 했다.

경선 포기 후 마음을 달래기 위해 한동안 두문불출하며 괴로운 나날을 보냈다. 사실 냉정하게 따지면 모든 것은 자기의 책임이다. 특히 정치는 결과로 말해야 하는 법이다. 모든 것은 자기책임 하에 자기의 능력에 달려 있다고 생각해야지 누구 탓을 해서는 안 된다. 그것이 맞는 것인 줄은 잘 모르겠지만 그냥 그래야 한다는 느낌이다.

올해 설날 연휴를 지내고 안철수 전 대표를 만났다. 안철수 전 대표가 나에게 말을 건넸다.

"이번 총선에 나올 거죠? 지역은 정했습니까? 빨리 정하고 이번에는 꼭 돌파해 봅시다."

▲ 내 힘의 원천인 가족들

내가 힘들 때마다 아내와 딸들은 항상 나를 전폭적으로 믿고 지지해 주었다. 왼쪽부터 둘째 연주, 아내 홍명옥, 나, 첫째 진주.

나는 즉답을 할 수 없었다. 지역에서 나온다는 것이 얼마나 많은 변수를 관리해야 하고 얼마나 많은 피땀이 요구되는지……. 솔직히 돈도 없었다. 잘못하면 주위에 민폐만 끼치는 것이다. 한다면 반드시 성공해야 하는 것이라 생각했다.

나는 며칠 후 다시 의논드리겠다고 하고 나왔다.

오랜만에 아내와 강화도로 갔다. 머리가 복잡할 때면 가끔 찾는 휴식공간이 있다. 회색빛 겨울 바다와 황량한 갯벌을 곁에 두고 우리는 많은 이야기를 했다. 나는 부산에서 태어나서 인천에서 자랐다. 새로운 정치를 위한 운동을 20대 초반부터 시작해서 지금 30년 가까이 오로지 한길로만 살아왔다. 이제 현실정치에 들어와서 짧은 시간 많은 경험을 했다. 이제 나의 경륜과 열정을 대한민국의 정치 발전에 바치는 것은 당연하다. 아내는 전폭적으로 지지해 주었다. 많은 어려움이 있겠지만 새정치의 꿈을 여기서 중단해서는 안 된다. 기왕 하기로 한 거 끝장을 봐야 한다고 격려해 주었다.

나는 결심을 굳혔다. 내가 살아온 길은 참으로 험난한 길이었다. 군부독재와 맞서서 민주화를 위해 싸웠고 노동 현장에서 서민과 노동자들의 권리를 위해 한평생을 살았다. 그러나 사회는 바뀌기는커녕 오히려 더 희망 없는 사회가 되어 가고 있다. 내가 처음 마음먹었던 '같이 행복하게 잘 사는 사회'는 오히려 더 멀어져 있다. 나에게는 다른 선택지가 없었다. 내가 초심을 버리지 않는 한 이 부조리한 정치판을 뒤엎고 새로운 정치를 위해 마지막 투혼을 불사르는 길 외에 없다. 그 길이 설령 불길에 휩싸인 연기 자욱한 문일지라도 나는 박차고 들어갈 수밖에 없는 것을 운명으로 받아들여야 한다고 결심했다.

아내와 함께 바라보는 강화도 해변의 석양도 붉게 타오르고 있었다.

내가 사는 지역의 문제를 찬찬히 들여다보기 위해 인천 계양에 인천경제연구소를 만들었다. 도대체 희망과 여유가 있는 삶은 불가능한 것인가? '공정성장론'과 '기본소득론'을 바탕으로 무엇이 우선인지에 대해 지역주민들의 창조적 힘을 이끌어내는 것, 그것이 새정치의 시작이다.

제4부

새정치를 어떻게
다시 세울 것인가?

계양의 주민이 되어 *

주말이 여유로운 삶은 불가능한 것일까?

30년 동안 쉼 없이 일에 매여 달려오다가 갑자기 공백이 생겼다. 국회와 당을 오가며 묶여 있던 일들도 이제 풀어 놓으니 세상을 다시 볼 수 있는 여유가 생겼다. 30년 동안 인천에 살면서도 보지 못한 것들과 하지 못한 것들을 조금씩 돌아볼 시간이 생긴 것이다.

일요일마다 하는 축구도 한두 게임만 하고 먼저 나와야 했던 생활에서 이제는 두어 게임을 더 할 수 있게 되었다. 조기축구를 시작한 지는 벌써 20년이 다 되어 간다.

계양에 이사 오자마자 가입한 비룡조기회는 점점 사람이 적어져서 하나축구회와 통합하였고 또 나중에 선우조기회와 합병, 이제는 나우

FC조기회라는 이름으로 활동한다. 물론 이제 나이가 들어 젊은 사람들을 따라잡을 수가 없다. 한번 부딪치기라도 하면 뼈가 부러지고 발톱이 빠지는 사고가 다반사이다. 얼마 전에는 공중 볼을 다투다가 힘껏 차는데 발가락이 상대의 발에 부딪쳐 꺾어졌다. 그 일로 두 달을 절룩거리면서 다녀야 했다. 그래도 그 발로 백두대간을 가서 열세 시간 동안 산을 탔으니 나도 어지간히 독한 편이다. 축구를 잘하는 편은 아니지만 체력의 한계까지 뛰면서 땀 흘리고 동료들과 막걸리를 한잔하는 기분은 어느 것과도 바꿀 수 없는 즐거움이다.

그런데 축구를 하면서 느끼는 것은 대다수 생활체육인들이 마음 놓고 즐길 만한 공간이 부족하다는 것이다. 대부분 학교는 조기축구회가 들어오는 것을 반기지 않는다. 일요일 시끄럽게 공을 차면 주위의 아파트 주민들이 민원을 제기하기 때문이다. 운동장을 개방하는 것도 어쨌든 관리의 필요성 때문에 소극적이다. 오래전 스페인에 가본 적이 있는데 그곳은 아파트 바로 한가운데 잔디구장이 있었다. 게다가 야간 조명까지 설치되어 있어 마을 주민들은 마음껏 운동을 즐길 수 있었다. 계양 주민들이 마음껏 운동을 즐기고 잔디밭에 누워 땀을 식히는 모습을 상상해 본다. 삶의 질이 달라지는 것이다. 우리는 주말이 있는 삶을 꿈꾸면 안 되는 것일까?

어떤 날은 그냥 계양 곳곳을 둘러보기도 했다. 계양에는 굴포천이 있고 그 지류들이 있다. 굴포천은 많이 정화되었다고 하지만 여전히

▲ 조기축구회 회원들과 운동을 끝내고 기념사진

일요일 아침, 사람들과 공 차면서 땀 흘리고 막걸리 한잔하는 것은 무엇과도 바꿀 수 없는 생활의 즐거움이다. 맨아랫줄 왼쪽부터 이명찬, 이재춘, 김성현, 정성효, 이수봉, 윤종호, 박현우, 둘째 줄 박상완, 이석근, 유재근, 문태영, 박현기, 최보영, 오정택, 윗줄 홍춘식, 김욱환, 조성락, 황재환, 서우영, 송종섭. 다들 안 다치고 건강하게 오래 운동했으면 좋겠다.

유럽처럼 깨끗한 물에 그림 같은 풍경을 연상하기에는 아직 지저분한 느낌이다. 굴포천에서 낚시하는 사람도 있지만 별로 아름다운 그림은 아니다. 물이 더러워 고기를 잡더라도 먹을 수는 없다. 이 굴포천을 정화하는 데는 돈이 많이 든다. 지금은 상류까지 억지로 물을 끌어와서 흘려 내려보내는데, 그것으로는 한계가 있다. 상류의 오염원은 그대로인데다가 하류 쪽에는 굴현보를 설치하여 아라뱃길과의 순환을 강제로 막고 있기 때문에 기본적으로 오염을 막기 어려운 상태이다. 본류인 굴포천이 이러하니 그 지류들은 말할 것도 없다. 지류마다 악취와 온갖 쓰레기가 넘쳐나 저절로 눈살이 찌푸려진다. 멀리서 보면 제법 큰 미루나무들도 서 있고 흐르는 개울물도 있어 그럴듯하나 가까이 가보면 악취 때문에 빨리 피하고 싶은 곳이 되었다. 가장 큰 문제는 이렇게 썩은 개울물이 주거지 한가운데를 관통하고 있는데도 전혀 개선되지 않고 있다는 점이다.

그저 먹고사는 문제에만 정신이 없다 보니 주위 환경에는 너무나 무심했던 것이다. 이런 환경을 그대로 두고서는 도저히 선진국에 진입했다고 할 수 없다. 인천공항에 내리는 외국 관광객들이 정작 인천은 거들떠보지도 않고 다 서울로 가버리는 것을 막을 수가 없다.

희망을 잃어버린 주민들 ✳

노동자에게는 희망이 없다. 계양 주민들도 이런 암울한 분위기에서
벗어나지 못한다. 지역 전체가 암울한 분위기에 짓눌려 있다.

그렇다고 먹고사는 문제는 안정적인가? 주민들이 삶의 희망을 갖고
있는가? 내가 본 주민들의 대다수는 '아니올시다'이다. 계양에서 인천
경제연구소를 운영하면서 많은 주민들을 만나 걱정거리들을 들었다.

가장 심각한 것 중 하나는 5~60대로 접어든 세대들의 노후 문제였
다. 대부분 직장에서 은퇴하는 시기인데 노후자금은 준비되어 있지 않
고 남은 것이라고는 달랑 아파트 하나인 경우가 대부분이었다. 그런데
집값은 점점 떨어지고 있으니 다들 몹시 불안해한다.

이러한 불안심리가 허황된 지역개발 공약에 자꾸 속게 되는 이유이
기도 하다. 야당을 지지하는 사람들도 투표장에 가면 집값 올리는 데
도움이 될 것 같은 여당에 자기도 모르게 손이 간다. 그러나 그렇게 부

동산 가격을 올리면 나중에 집을 사야 하는 아들딸들은 어떻게 할 것인가? 그리고 거품이 빠지면 결국 손해는 누가 보게 되는가? 결국 악순환의 반복이다.

며칠 전 주민 모임에 나가 어려운 경제 이야기를 나눴다. 누군가 "재벌이 망한다고 한국 경제가 망하는 것은 아니지 않는가?"라고 주장했다. 물론 그렇다. 재벌이 망하는 것은 문제가 아니다. 문제는 재벌에 속한 대기업들이 더 이상 성장 동력을 잃고 망하게 되는 일이다. 대기업들이 망하면 혼자 망하는 것이 아니라 그 기업에 연관된 1차, 2차, 3차 하청업체들도 같이 망한다. 인천 지역 대다수 중소기업들은 바로 이런 하청구조에 속해 있다. 이들 하청업체들은 납품단가 협상에서 언제나 불리한 위치에 놓이고, 결국 해마다 단가를 삭감당한다. 단가를 올려도 시원찮은 마당에 삭감해야 하니 그것은 그대로 인건비에 반영될 수밖에 없다. 인건비를 비싸게 못 주니 결국 외국인 근로자를 써야 한다. 말이 좋아 중소기업 사장이지 실제로는 그날그날 연명하는 파리목숨들이 되어 버렸다. 동남아 노동자들은 한국에서 열심히 돈 벌어 고국에 가면 그런대로 넉넉하게 살 수 있다고 한다. 그러나 한국에서 월 2~300만 원 정도 수입으로는 아무리 열심히 일해도 중산층 진입은 커녕 최저생활조차 유지하기 어렵다.

그렇다고 대기업들은 희망이 있는가? 인천의 대표적 기업인 한국지

엠만 하더라도 지속적인 경영 악화와 해외 이전설로 불안해하고 있다. 전망이 불안하니 노동자들은 일할 수 있을 때 조금이라도 더 해서 노후자금을 마련하려는 데 급급하기 마련이다. 툭하면 귀족노조라고 욕을 먹지만 이들 역시 그 정도 벌이로는 노후보장이 안 되는 것은 물론이다. 그 불안은 결국 외부로 전가되어 점점 연대정신이 희박해진다. 노동자들에게는 희망이 없다. 계양 주민들도 이런 암울한 분위기에서 벗어나지 못한다. 지역 전체가 암울한 분위기에 짓눌려 있다고 해도 지나치지 않다.

연대는 약화되고 *

노동조합은 갈수록 어려워져 가는데 조합 지도부는
주도성을 상실해 가고 있다.

아내는 30년을 일해 오던 직장에서 해고되기 직전이다. 직장의 비
리를 누군가 폭로했는데 직장에서는 그것이 노조지부장이던 아내의
소행이라고 단정하고 지속적으로 집단 괴롭힘을 가했다. 3~4명씩 조
를 짜서 근무 중인 아내에게 폭언과 욕설, 협박 등을 퍼붓고 가기를 반
복했다. 그전까지 300명 가까웠던 조합원이 몇 년 사이에 10여 명으로
줄어들었으니 그동안 진행된 노조탈퇴 압박이 어떠했는지 짐작할 수
있다. 지금 인천 답동성당 앞에서 징계 철회를 위한 1인 시위를 외로이
하고 있으나 절벽에 대고 고함치는 느낌이다. 아내의 지친 모습을 보
는 내 심정은 찢어질 듯 아프다.

당장 그만두라고도 하고 싶으나 지금까지 남아 있는 10여 명의 조합

▲ 직장의 인권유린과 노조 탄압에 맞서 아내는 지금도 고독한 싸움 중

천주교 인천교구 답동성당 앞에서 최기산 주교와의 면담을 요청하며 아내는 단식농성에 돌입했다. 지난 4월 국제성모병원 허위환자 진료비 부당청구로부터 시작된 인천성모병원의 인권유린은 노조 붕괴를 목표로 하고 있다. 거대한 권력 앞에 노동자의 목소리는 쉽게 지친다. 그러나 싸움을 포기할 수는 없다.

원들을 생각하면 차마 그럴 수도 없다. 이들은 그 모진 핍박과 탄압 속에서도 꿋꿋이 버텨 왔다. 이들이 그동안 겪어 온 사연들을 들으면 울컥하고 가슴이 메어 온다. 제대로 누가 보호해 주지도 못하고 뭔가 다른 혜택을 주는 것도 아닌데 그들은 어떻게 버텼을까? 그들을 그토록 버티게 했던 동기는 무엇일까? 그들은 직장에서 노예로 살기를 거부하고 당당한 노동자의 존엄성을 끝까지 지키기로 결심했던 것이다. 그리고 그러한 삶의 태도가 자신과 직장에도 도움이 된다고 믿었던 것이다. 이름 없는 영웅들이 있다면 바로 이들이다.

그러나 전체적으로 볼 때 노동조합은 점점 고립되고 있다. 얼마 전 코미디프로에서 본 일이다. 순댓국에 순대 두 조각이 웬 말이냐며 머리띠를 두르고 팔뚝질을 하면서 투쟁가를 부르는 장면이 있었다. 갑자기 가슴이 메어 왔다. 노동조합 현장은 갈수록 어려워져 가는데 노동운동 지도부는 진보적 담론을 제출하지 못한 채 주도성을 상실하고 있다.

이 현상은 지금의 새정치민주연합의 모습과도 겹쳐 보인다. 국민들은 나날이 희망을 잃어 가고 있는데 야당은 절박함을 느끼지 못한 채 과거에 머물고 있다는 느낌……. 서로가 고립된 섬이 되어 가고 있다.

무책임한 지도층 *

정치는 문제의 해결책이라기보다 문제의 일부가 되었다.

　　우리나라의 가장 기본적인 문제는 첫째는 허리가 부러진 분단국가라는 것이다. 척추가 부러진 사람이 무슨 힘을 제대로 쓸 수 있겠는가? 둘째는 공정한 경쟁질서가 무너진 사회라는 점에 있다. 국가 고위관료층과 재벌 대기업들 간의 유착담합 관계는 대단히 공고해져 있다. 한국의 정치, 경제가 이들 소득 상위 10% 계층 위주로 운영되어 온 것이 지금 한국경제 파탄의 직접적 원인이다. 재벌 대기업들은 기업 그 자체의 기술개발로 승부를 거는 것이 아니라 관료들과의 결탁을 통해 이익 창출 기회를 얻어내는 것이 더 효율적이다. 재벌들의 전근대적인 승계 구조는 전문경영인을 파리 목숨으로 만들고, 기업 경영진은 오로지 총수의 심기 관리에 능하고 내부정치에 능한 사람만이 살아남는 구조가 되었다. 나라를 책임져야 할 지도층의 국가관은 대한항공 '땅콩회항' 사건에서 보듯이 도저히 믿기 어려울 정도로 유치하다. 이들에 대한 정신교육도 포기된 지 오래이다.

새누리당은 정치에서 이런 구조를 유지하고 지키는 역할을 해왔다. 그런데 야당 또한 이러한 문제를 해결하지 못한 채 무능력한 모습을 보여 왔다. 일부 진보세력은 문제 자체를 잘못 파악했다.

한국은 자본주의 사회도 아니고 신자유주의 사회도 아니다. 담합경제 사회이다. 우선 담합구조부터 바꾸어야 건강한 시장경제가 설 수 있고 시장경제가 바로 서야 분배문제를 제기할 경제적 토대가 만들어진다. 진보개혁 세력들이 표적을 분명히 하지 않은 채 헛힘만 쓰다 보니 동력은 소모되고 성과는 없었다.

못사는 서민들이 왜 새누리당을 찍느냐고? 야당이 무능하기 때문이다. 새누리당이 예뻐서가 아니라 현실의 삶이 너무나 힘들고 팍팍하기 때문에 무능한 가장을 선택할 여유가 없는 것이다. 정치는 문제의 해결책이라기보다 문제의 일부가 되었다. 안철수 현상의 본질은 이런 정치의 전복이었다. 그것이 새정치의 출발이었다.

내가 생각하는 새정치 *

정권교체가 아니라 '세력교체'가 관건이다.

세간에 흔한 농담으로 3대 미스터리가 있다고 했다. 그것은 박근혜의 창조경제, 김정은의 생각, 안철수의 새정치이다. 사실 처음 새정치를 이야기했을 때 그것은 불분명한 요소가 있었다. 진작에 많은 정치적 요구를 기성 정치권이 다 수용하지 못했기 때문에 새정치 자체는 필요한 것이었으나, 정확히 어떤 내용인지 맥락이 정리되지 못한 것이 있었다.

나는 국회에 입성하자마자 그 문제를 빨리 해결해야 한다고 생각하고 담론팀을 구성했다. 고원 박사를 축으로 해서 석 달의 작업 끝에 새정치의 내용을 정리한 담론을 완성했으나 내부 토론 끝에 결국 공식적으로 채택되지는 못했다. 물론 그 내용의 많은 부분이 김효석 위원장의 발제에 포함되어 새정치추진위 비전으로 발표되기는 했으나 그리 깊은 공감을 끌어내지는 못했다. 그 과정에서 안철수 의원도 계속 유보적 입장을 보였다. 나는 좀 답답했으나 곰곰이 생각해 보니 안 의원의 생각이 맞았다.

새정치의 담론은 기존 정치담론에서 흔히 통용되는 성장 중심주의 혹은 복지 중심주의 담론을 뛰어넘어야 한다. 우리 사회의 가장 핵심적인 문제를 밝혀내는 일은 그리 쉬운 일이 아니었다. 그리고 정치인들 중에서 그런 작업을 정말 성실히 해낸 사람은 많지 않다. 정치인이 되면 현실 정치의 룰에 적응하느라 초심을 잃게 되는 경우가 대부분이다. 그러나 그런 과정에서 정작 중요한 큰 원칙을 잃어버리고 만다. 그러나 안 의원은 특유의 진지함과 성실함으로 '공정성장론'이라는 담론을 만들어 냈다. 이에는 어떤 교조적 도그마에도 쉽게 빠지지 않는 안 의원의 기질이 작용했다.

공정성장론의 핵심은 우리 사회가 재벌과 관료들의 담합경제 구조로 공정한 시장원리가 작동되지 않는 사회라는 진단을 축으로, 일단 공정한 경쟁의 룰이 먼저 확보되어야 그 다음 보수든 진보든 가능하다는 처방이 주요 내용이다. 언뜻 상식적 이야기로 보이지만 이런 결론을 도출하기까지 방황한 시간이 길었다. 그리고 이런 담론이 제기하는 실천적 과제는 혁신적이며 실제적이다. 예컨대 공정거래위를 강화해 부총리 격으로 격상하고 기업 감시 역할을 강화하려면 기득권의 엄청난 저항을 이겨 내야 한다. 그러나 반드시 이것을 돌파해야 하고 그것을 가능하게 하는 것은 정치적 힘의 조직과 정권교체이다.

2년쯤 전에 소설가 조정래 씨 부부와 대화를 나눈 일이 있었다. 조정래 씨는 나라 걱정이 대단하였다. 그는 "안철수가 대통령이 되더라도 우리나라의 문제는 해결되기 어렵다. 기득권층을 대신할 주체가 보이지 않는다."고 걱정했다. 맞는 이야기이다. 대통령이 바뀌는 게 중요한 것이 아니고 세력이 교체되어야 한다.

미국에는 '플럼북'이라는 게 있다. 대통령이 집권했을 때 자신이 인사권을 행사할 수 있는 정무직의 종류를 책으로 만든 것으로, 약 8,000개 정도가 된다고 한다. 우리나라도 정권이 교체되면 이렇게 새로운 패러다임과 실천 경험으로 단련된 인사들로 교체되는 것이 새정치라고 본다. 지금 국가 주요기관장들은 연봉만 수억 원씩 챙기면서 하는 일이 무언지 도대체 모르겠다. 그 정도 많이 줄 필요가 있는지도 잘 모르겠다.

지금 국민들은 허리가 부러져라 일해도 먹고살기 힘든데, 지도층부터 솔선수범하지 않으면 나라는 망한다. 그런데 이미 지도층의 솔선수범은 기대하기 어렵다. 그러니 교체하는 수밖에 없다.

새정치는 단순히 정권교체가 아니라 '세력교체'를 의미한다.

주체의 형성은 어떻게 가능할까? *

안철수 개인에게만 책임을 묻는 것은 옳지 않다.
안철수 현상을 발전시킬 책임은 바로 우리 자신에게 있다.

이제 총선이 다가오고 내후년이면 대통령선거가 시행된다. 이명박 정권과 박근혜 정권을 거치면서 우리는 너무나 많은 시간을 낭비했다. '고용 없는 성장' 시대와 '저출산 고령화' 시대의 진입로에서 새로운 사회적 의제를 설정하고 준비했어야 할 골든타임을 10년 가까이 허비한 셈이다.

우리는 새정치추진위를 구성하면서 새로운 사회성장 전략의 기초를 마련했고, 이제 안철수의 공정성장론으로 시대적 담론을 마련했다. 통합을 통해 분열이 아니라 단합된 거대 야당 조직을 건설했고 새로운 당 혁신을 통해 한 단계 발전할 기반을 조성하고 있다. 김상곤 혁신

위는 모든 기득권을 내려놓고 혁신함으로써 반드시 성공해야 한다. 여기서 실패한다면 야권은 분열할 것이고 역사는 다시 후퇴하게 될 것이다.

안철수 현상으로 촉발된 새정치는 아직 성과를 거두지 못했다. 사람들은 많은 기대를 걸었다가 큰 실망을 하고 좌절했다. 그러나 진보개혁 세력의 한계를 극복하는 것이 그리 쉬운 일일까? 어느 순간 하늘에서 초인이 내려와 세상을 구원하는 일은 있을 수도 없고 있어서도 안된다. 자기 자신이 역사의 주체가 되고 사회변화의 주인이 되지 않는다면 무슨 의미가 있을까? 그런 점에서 우리가 안철수 개인에게만 책임을 묻는 것은 옳지 않다고 생각한다. 안철수 현상을 발전시킬 책임은 바로 우리 자신에게 있다는 것이다.

문제는 개혁의 동력을 확보하는 것이다. 나는 노동, 직능 부문과 지역주민의 삶을 통합시키는 고리를 만드는 것에서 시작해야 한다고 생각한다. 지금은 당의 지역위원회가 제 기능을 발휘하는 곳이 드물다. 위원장 개인의 인맥관리 조직 정도로 머물고 있다. 진정한 의미에서 정당의 지역적 기반이 아니라 개인 사조직화 되어 있는 셈이다.

예컨대 지엠 경영진은 툭하면 철수하겠다는 이야기로 노동자와 지역주민을 불안하게 하고 있다. 만일 지엠이 무책임하게 생산공정을 해외로 이전한다면 우리 인천에 주는 경제적 타격은 심각할 것이다. 노동조합과 경영진, 그리고 지역주민의 입장에서 어떻게 생산기지를 강화하고 장기적 생존전략을 짤 것인지 빨리 대책을 세워야 한다. 필요하다면 입법화해서라도 해외철수 기업에 강력한 페널티를 먹여서 그 재원으로 대책을 세워야 하고 반대로 지원투자를 통해서 지속적 경영을 할 수 있는 유인책도 마련해야 한다. 이것은 노사정의 지혜가 모이면 얼마든지 할 수 있는 일이다. 중요한 것은 시기를 놓치지 않고 그런 건설적 논의를 할 수 있는 조건을 정치권에서 만들어 내는 일이다.

인천은 전국에서 가장 푸대접받고 있는 지자체라는 오명을 쓰고 있다. 이것은 정치인들이 반성해야 할 문제라고 생각한다. 공정한 경제란 중앙에 복속되지 않고 당당히 지역의 권리를 지킬 수 있는 것을 의미하기도 한다. 쓰레기 매립장 문제도 그렇고 굴포천 오염 문제도 마찬가지이다.

노후는 보장되어야 하고 삶의 질은 더 나아져야 한다. 그리고 이것은 가능하다. 진보란 자기의 이념적 도그마에 현실을 맞추는 것이 아니고 사람들의 삶을 한 걸음 한 걸음 나아지게 만드는 것이다. 계양만 하더라도 계양산과 아라뱃길, 그리고 서운산업단지를 연결하는 새로운 종합발전계획이 가능한 곳이다. 우리라고 왜 전 세계에서 찾아오는 아름다운 도시를 만들 수 없다는 말인가? 공무원들이 복지부동하지 않고 기업인들이 자기 잇속만 챙기지 않는다면 우리는 역동적인 도시 문화를 가꿀 수도 있고 주민의 삶을 바꾸어 낼 수도 있다. 이것을 가능

▲ 아라뱃길에서. 지역 현장을 돌아다니며 미래를 구상한다.

아라뱃길을 오염시킨다고 인천에 속한 굴포천 하류가 수중보로 막혀 있다. 막힌 물길은 썩게 된다. 인천 시민은 썩은 물을 안고 살아도 좋다 는 말인가……

하게 만드는 것이 새정치이다.

　　우선 생활임금제 도입을 통해 계양 주민들의 임금부터 올려야 한다. 베드타운 성격이 강한 점을 고려해 무상보육 제도나 워킹맘을 위한 공공보육 시설을 강화해 마음 놓고 양육할 수 있는 사회적 인프라를 조성해야 한다. 노령자를 위한 평생 재교육 시스템을 건설하고 재정을 확보해 노년 복지제도를 강화해야 한다.

　　청년들과 저소득층을 위해 지역상품권을 일정 금액 무상 지원하고 이들이 지역경제 활성화에 기여하도록 선순환 구조를 설계해야 한다.

　　지역 내 다양한 사회적 기업이나 협동조합 운동을 통해 지역경제 공동체를 활성화시키고 이들이 소속감을 느끼고 삶의 희망을 가질 수 있도록 해야 한다. 그동안은 다소 하향식으로 만들어졌기에 기획력과 자생력이 부족한 상태이다. 게다가 진정 필요한 일을 중심으로 하기보다는 조직 자체를 위한 사업 관성이 생기면서 돈을 중심으로 모여들게 된다. 그 때문에 각개약진으로 분산되어 오히려 비효율적 낭비를 낳고 전체적으로도 사회적 경제의 활성화에 부정적 영향을 준다.

　　노조와 주민단체 그리고 관이 함께 구성하는 사회적 경제추진기획단 같은 것이 만들어져야 한다. 이 문제에 정치는 좀 더 주도성을 가지고 나서야 한다. 관할 구의원이나 시의원들이 이런 사업을 적극적으로 진행하면 좋을 것이다. 그 모임에서는 실제 주민들이 필요로 하는 사업들을 파악하고 실생활에 도움이 되는 사업을 진행하면서 지역공동체를 활성화시켜 나가야 지역사회의 기반이 튼튼해진다.

재원은? 부당하게 낭비되는 공적 자금이나 공무원 해외연수 등 불요불급한 비용만 줄이더라도 적지 않은 기금을 모을 수 있다. 국민 세금은 국민을 위해 쓰여야지 공무원들 해외여행 시켜 주라고 모은 것은 아니다. 자원을 최대한 효과적으로 활용하고 지역민들의 창조적 에너지를 모아 살기 좋은 도시로 만들어 냄으로써 새정치가 실질적인 삶의 변화를 이끌어 낼 수 있다는 것을 보여 주어야 한다. 핵심은 재정 부족이 아니라 무엇이 우선인지에 대한 의지의 문제이다.

새정치는 거창한 혁명이 아니다. 이미 지역주민들은 답을 가지고 있다. 이들의 창조적 힘을 믿고 이끌어 내는 것이 새정치이고 진정한 의미의 정치혁명이다.

안철수 의원은 언젠가 사석에서 나에게 이렇게 말한 적이 있다.

"다시 한 번 '안철수의 생각'을 읽어 보았다. 나는 어떤 기득권 세력, 재벌들에게 신세 진 적도 없고 자유롭다. 그런데 지금 한국의 문제는 바로 이런 재벌과 관료들의 담합세력 때문에 발전이 지체되고 있다는 점이다. 곰곰이 생각해 보니 보수냐 진보냐를 택하는 문제가 아니라 바로 이런 세력으로부터 독립된 사람을 택해야 한국을 발전시킬 수 있다는 확신이 생겼다. 그래서 정리한 것이 '공정성장론'이고 나는 그런 점에서 자신이 있다."

이 말에 전적으로 동의한다. 그리고 안 의원이 재벌과 관료로부터 가장 자유로운 사람이라는 것도 전적으로 인정한다.

문제는 항상 그렇듯이 선한 의도가 중요한 것이 아니다. 정치는 결과가 중요하고 특히 국가권력을 잡겠다는 사람은 그 점에서 책임윤리가 중요하다. 앞서 말했듯이 국가가 다른 것과 구별되는 가장 본질적 요소는 폭력을 사용할 수 있는 유일한 조직이라는 점이다. 이 폭력을 가진 국가를 운영할 때 내가 착한 사람이라는 것은 중요치 않다. 폭력을 사용한 결과는 대상에 치명적이다. 그만큼 결과에 책임을 져야 한다. 그러기 위해서는 국가가 궁극적으로 폭력을 사용하는 대상에 대한 깊은 이해가 필요하다. 마치 외과의사가 칼을 몸에 댈 때 환자의 힘줄과 핏줄과 신경조직을 잘 알고 있어야 하는 것과 같은 이치이다. 내가 국민의 대다수를 차지하는 노동자와 그들의 삶을 더 깊이 이해하는 것이 지도자의 조건임을 강조하는 이유이다.

다시 강조컨대 내가 말하는 노동이란 공장에서 시간으로 계산할 수 있는 정규직 노동을 이야기하는 것이 아니라 우리 사회의 재생산에 들어가는 수많은 보이지 않는 노동의 가치를 말하는 것이다. 비정규직 노동, 그림자노동, 가사노동, 열정노동, 감정노동, 컴퓨터 앞에서 댓글을 다는 무수히 많은 참여자들의 습관적 노동들……, 다시 말해 존재

사이의 관계들이 만들어 내는 가치를 알고 있어야 한다. 어쩌면 제3의 시각이 필요하고 이것이 근대정치와 탈근대정치의 구별선이 될 수도 있다고 생각한다.

내가 하고자 하는 새정치는 3단계의 과정으로 동시적으로 진행된다고 할 수 있겠다.

첫째는 우리 사회의 비전에 대한 공유이다. 비전은 투명하고 정확해야 한다. 현재로서는 담합경제 구조를 혁파하고 공정성장 사회에 대한 비전을 구체화하고 공유하는 일이 진행되어야 한다.

둘째는 정권교체를 넘어 세력교체가 되어야 한다. 대통령 하나 바뀌는 것으로는 세상이 바뀌지 않는다. 기득권세력 자체가 교체되어야 한다.

셋째는 대체할 수 있는 교체세력을 어떻게 만들어 낼 것인가에 대한 방법론이 나와야 한다. 노동자와 주민이 만나서 연대의 고리를 만들어야 하고 지역의 당위원회가 사조직이 아니라 공적 조직으로 거듭나야 한다. 당위원회는 주민들의 삶에 개입하고 희망을 줄 수 있어야 한다.

안타깝지만 이런 혁신이 지금 당장 제대로 진행되기에는 주체가 아직 형성되지 못했다. 우리 정치에는 빈 공간이 너무 컸다. 이 빈 공간을 대다수의 정치인들은 보지 못했다. 빈 공간이 채워지는 당은 당답게 설 수 있을 것이고 한국 정치를 이끌고 갈 수 있을 것이다. 중요한 것은 공천에서 물갈이를 많이 하는 것만이 아니다. 유착관계가 끊어진 그 빈자리에 이러한 노동의 가치를 제대로 알고 실현시킬 준비가 되어 있는 주체들이 나서야 한다. 새정치의 사명은 그런 주체들을 준비하고 성장시키는 것이다. 그러한 새정치가 실현된다면 우리 한국 사회는 위기를 극복하고 다시 한 번 도약의 기회를 맞게 될 것이다.

새로운 정치를 위한 우리의 노정은
아직 끝나지 않았다

내가 현실 제도권 정치에 뛰어든 지 3년이 되어 간다. 당시 나는 민주노총의 부총장직을 맡아서 온갖 일에 파묻혀 있었다. 중앙의 60여 명 그리고 지방의 200여 명 상근 간부들이 진행하는 다양한 사업과 그 관계를 조정하고 진행하면서 내부 정치의 피곤함 속에 절어 있었다. 내 책상 위에는 항상 결재 서류가 수북이 쌓여 있어서 도장 찍는 기계가 필요했다. 그러나 숨 돌릴 틈 없는 일상의 치열함과는 대조적으로 전체적인 무기력감이 무겁게 나를 짓누르고 있었다.

20대 초반부터 민주통일국민회의의 막내로서 민주화투쟁을 했고 그 이후 쭉 빈민운동, 노동운동, 시민운동 등 다양한 영역에서 사회운동을 했으니 넓은 의미로는 꽤 정치적 삶을 살아왔지만 제도권 정치와는 거리가 있었다. 나와 같이 운동을 시작한 많은 동료, 선후배들이 정치권으로 가서 금배지도 달고 청와대도 가고…… 소위 출세라는 것을 할 때도 나는 힘든 삶을 살고 있는 노동자들과 묵묵히 함께하는 것이 좋았다. 물론 별로 시원치 않은 친구들도 국회의원이 되어 주인공처럼 나타나서 잠깐 얼굴만 비치고는 '그럼 바빠서 이만~' 하는 모습을 보는 마음이 편치는 않았다. 그러나 그뿐, 질투하기에는 내 자부심이 더 컸다.

내가 정말 힘들었던 것은 갈수록 초라해지는 진보개혁 진영의 모습 때문이었다. 민주노총의 간부로서 해마다 달라지는 일반인들의 반응을 접할 때 나는 정말 괴로웠다. 8~90년대에는 사람들을 만나면 그래도 뭔가 의미 있는 일을 한다고 인정해 주었다. 나는 노동운동을 한다는 자부심으로 사람들을 만날 수 있었다. 그러나 언제부터인가 일반인들이 모인 자리에 가면 욕먹는 것이 일상화되었다. 항변도 해보았지만 전체적인 사회적 분위기는 이른바 '왕따'였다.

물론 이런 분위기를 만드는 데는 일부 언론들의 집요한 여론몰이가 주효했을 것이다. 그러나 당연히 그 때문만은 아니다. 진보개혁 진영 내부에도 문제가 확실히 있었다. 나는 그것이 무엇인지를 계속 고민했다. 이 문제는 단지 노동운동만 겪는 일이 아니었다. 현재 야권 전체가 보수층에 비해 지지도가 떨어져 있다. 특히 진보정당들의 경우 지지율이 한 자리에서 맴돌고 있다. 반면 대중들이 보여 준 역동적 모습, 예컨대 2002년 붉은악마, 촛불시위, 안철수 현상 등이 주는 메시지는 분명하다. 진보개혁 진영에게 맡겼던 역사를 이제 대중이 직접 끌고 가겠다는 것이다. 얼마나 답답했으면…….

나는 우리가 무엇을 놓치고 있는가를 깊이 고민했다. 사회현상의 저변을 보고 이론적으로 밝혀내는 것은 치열한 공부와 사색 그리고 반드시 실천적 경험의 풍부함이 있어야 가능하다. 그냥 책 몇 권 읽고 세상을 다 아는 척하는 것은 대단히 위험하다. 그러나 우리는 그렇게 했다. 젊은 날 우리는 세상을 다 안다고 생각했고 그에 따라 세상을 재단했다. 그랬던 우리의 오만과 편협함의 결과가 '오늘'이다.

80년대 민주화투쟁은 엄청난 민중적 에너지의 분출이었다.

그 투쟁 경력을 바탕으로 정치권에 진입한 사람들은 나름대로 역할을 했다. 그러나 사회는 더 빨리 변하고 있었다. 민주화운동은 목표 지점을 잃고 방황하기 시작했다. 노동운동도 마찬가지였다. 자본주의에 문제를 제기하다가 신자유주의에 문제를 제기하기 시작했다. 그러나 한국 사회는 사실상 자본주의도 아니고 신자유주의도 아니었다. 그것은 단지 포장지였을 뿐 그 실질적 내용물은 재벌과 관료들의 담합경제 구조였다. 자본주의에 대한 혹은 신자유주의에 대한 공격은 치열했지만 대중적 힘을 낭비하고 소모하면서 막상 중요한 타깃은 놓치고 있었다. 보수와 진보의 이념 대결이라는 겉 포장지와는 다르게 실제로는 기득권 세력의 이해관계 그물망 속에 포위되어 있었고, 재벌 관료 독점체제에 저항하는 집단들은 체계적으로 배제당하고 있었다.

노동운동은 안팎으로 고립되고 있었다. 보수로부터 난타당하고 진보로부터는 대상화되는…… 그리하여 점점 내부적으로 무력화되는 과정이 20년 이상 지속되어 왔다. 그 결과 노동운동은 침몰했고, 아름다운 87년 대투쟁의 성과마저 집단이기주의로 매도되는 안타까운 신세로 전락했다. 이것은 노동의 좌절이기도 하지만 우리나라의 개혁 동력이 사라지는 결과를 초래했다.

노동운동은 이중으로 버림받았다. 함께 민주화운동을 했던 사람들로부터, 그리고 시대가 변했다고 강변하면서 양심적 시민운동가, 지식인을 자처하던 사람들로부터도 배신당했다. 그들은 노동 귀족이니 대기업 이기주의니 하면서 훈계하려 들었다. 마치 축구경기장에서 선수들에게 온갖 비평은 다하지만 막상 경기에는 아무런 도움도 되지 않는 그런 것들 말이다. 뒤에 숨어 있는 더 큰 문제를 보지 못하는 지적 게으름과 지적 기회주의는 점점 노동운동을 궁지로 몰아가고 있었다.

그러나 단언컨대…… 그들은 모른다. 노동 현장이 얼마나 힘들어했는지, 그 알량한 조합원들의 월급봉투 지키는 것만도 얼마나 힘들었는지를……. 물론 어느 정도 살 만큼 받았으면 그걸 나누는 운동을 해야 했다. 그러나 그렇게 하겠다고 시도한 것이 바로 산별노조 아니었던가? 그런데 대기업이기주의를 비난하던 그 똑같은 입으로 산별노조 요구를 정치투쟁이라 비난을 퍼붓는 행위는 정신분열증이 아니라면 도대체 무엇일까? 그것은 한마디로 말해 일관된 권력독식 충동이었다. 시장경제가 어떻고 경제발전이 어떻고 하는 미사여구를 다 빼고 나면 남는 것은 나 혼자 다 차지해야 한다는 유아적 독점욕뿐이었다.

나는 민주화 경력을 팔아 출세한 사람들이 제 역할을 못할 때 한심하게 생각하지만, 역사 발전에 아무런 기여도 한 적이 없는 사람들이 그런 말을 할 때면 더욱 불편해진다. 오히려 사회 양극화를 심화시키는 데 실질적 역할을 했던 사람들이 그런 말을 할 때면 뜨거운 분노가 치민다. 누가 그랬던가…… "연탄재 함부로 발로 차지 마라. 당신은 언제 그렇게 한 번이라도 뜨거웠던 적이 있었던가?" 그러나 안타깝게도 정치는 그런 사람들의 판이 되어 버렸다. 정작 주체로 나서야 할 사람들은 뒷전의 구경꾼 신세가 되었고 세간 잇속에 밝은 꾼들만 설치는 정치판이 되어 갔다.

나를 움직인 것은 이렇게 쌓여 가는 분노였을 것이다. 지하철에서 멍한 눈길로 아무런 희망도 없이 오가는 사람들의 얼굴을 보면서, 노후에 대한 별다른 보장도 없이 조기 퇴직하는 노동자들을 보면서, 지금도 여전히 회사에서 온갖 탄압을 받으며 노조를 지켜야 하는 내 아내와 동료들을 보면서, 나는 조금씩 조금씩 전의를 다져 갔다.

우리는 사실상 진정한 변화는 시작도 하지 못했다.

87년, 혁명이라고 생각했던 것은 직선제라는 수단을 쟁취했을 뿐 목적은 이루지 못했다. 그 이후 민주세력이 정권을 잡았지만 역설적으로 그 이후부터 노동은 더 배제되어 갔다. 우리 청춘의 꿈과 눈물, 그리고 혁명은 배신당했다. 배신당한 바보에게 국민은 가혹했다. 바보에게 값싼 동정은 있었을지 몰라도 존경받을 자격은 없었다. 이것이 지금 진보개혁 진영이 처한 현실이라면 지나치게 가혹한 것일까?

돌이켜 보면 내가 2012년 노동정치연대포럼을 조직하면서 가졌던 문제의식은 첫째, 정권교체, 둘째, 진보의 재구성이었다. 한국 사회는 거대한 세월호이다. 기업들은 재벌기업조차도 한계산업으로 내몰리고 있다. 조선, 자동차, 전자 등 5대 산업 자체가 향후 5년 내 중대한 기로에 설 것이다. 이것은 단지 기업가들의 엄살만은 아니다. 그러나 이런 상황을 초래한 원인은 바로 그들 자신이다. 새로운 세상의 변화를 보지 못하고 노동의 가치를 올바로 보지 못한 기업가들, 사회지도층 등 기득권 세력들의 책임이다. 그리고 이에 대해 올바르게 문제제기하지 못하고 엉뚱한 곳만 치열하게 공격하는 얼치기 진보세력들의 잘못이다. 사태를 바로잡아야 할 정치는 실종되어 버렸다. 한국 정치는 비전도 없고 주체 세력도 없는 빈 공간이 너무 커졌다. 그 와중에 기업은 경쟁력을 잃어 갔고 국민들의 삶은 희망을 잃어 갔다. 안철수 현상은 이런 시대적 배경 속에서 태어났다.

나는 막연한 안철수 현상을 하나의 정치적 실체로 바꾸어 보려고 했다. 참으로 격동적이고 험난한 시기였다. 지금 생각해 보면 시대적 요구는 엄중했으나 그것을 실현할 주체는 턱없이 미약했다. 겁 없이 도전한 데 대한 값비싼 대가를 치르고 있는 중이지만 귀중한 성과도 있었다. 비전도 구체화되어 가고 있고 주체들도 서서히 단련되고 있다. 우리가 감당해야 할 과제의 어려움을 생각해 볼 때 우리의 실패에 대해 너무 절망할 필요는 없다고 생각한다.

다시 한 번 강조하건대 우리는 아직 혁명을 시작도 하지 않았다. 시작하지도 않았기에 낙담도 자책도 아직 섣부르다. 오히려 이제 다시 시작해야 한다는 역사에 대한 소명의식이 필요하다. 내가 생각하는 역사적 소명이란 이러하다.

첫째, 우리 사회에 필요한 진정한 변화란 권력구조를 바꾸는 것이다. 재벌과 관료정치, 보수언론이라는 극소수 몇 백 명이 장악하고 있는 권력을 분산시키고, 이것을 국민의 손으로 되돌려 놓는 것이다. 실패하면 나라는 망한다.

둘째, 권력구조를 바꾸려면 주체가 있어야 한다. 지금 우리는 그 주체 형성에 실패하고 있다. 실패의 원인은 가짜 진보, 가짜 개혁세력이 머리에 앉아 있기 때문이다.

셋째, 주체는 스스로 나서야 한다. 누가 만들어 주는 것이 아니다. 우리를 구원해 줄 누군가를 기다리지 마라. 당신을 구원해 줄 사람은 오직 당신뿐이다. 이 사실을 너무 늦게 깨닫지 말기를 바란다. 시간이 별로 없다.

나는 지금까지 나름대로 최선을 다해 싸워 왔다. 나랑 함께 싸워 온 아내 홍명옥, 그리고 남궁현, 강승규, 이영희, 곽태원, 김태일, 이용식, 김형철, 정용해, 김미정, 김지희, 오충용, 민경옥, 정순계, 지재식, 김형근, 구수영, 박석균, 박홍식 등 노동 동지들을 생각하면 항상 가슴이 먹먹하다. 다들 얼굴에는 주름살이 늘었지만 뜨거운 열정은 아직 여전하다. 기득권층과의 싸움도 힘들었지만 내부의 관성과 무기력과의 싸움은 더 힘들었다. 이 동지들은 그런 관성들을 극복하고 새로운 실험을 하는 용기를 발휘해 주었다.

　또 있다. 진심캠프에서 고락을 같이 했던 장하성, 박선숙, 김성식, 송호창, 금태섭, 정기남, 박왕규, 이상갑, 이태규, 하승창, 김종원, 김경록, 강인철, 박경철, 박애주, 주준형, 신현호, 윤태곤, 김형민, 홍석빈, 김연아, 강동호, 김민전, 김준성, 임주희, 장봉근, 전성기, 전민용, 조광희, 이원재…… 지금도 돌이켜 보면 참 아름다웠던 추억이다.

　그리고 노원선거에서 헌신적 열정을 보여 주었던 이동섭, 최경식, 이형남, 임윤형, 탁무권, 허활석, 서종화, 고종민, 유영래 등 이루 다 밝힐 수 없는 선배들, 동지들이 마음에서 떠나지 않는다. 전국적으로 수많은 자발적 동지들이 뜻을 모아 주었고 지지를 보내 주었다. 이들 모두에게 진정 큰 빚을 졌다. 정치란 참으로…… 업을 쌓는 일이다.

　그리고 무엇보다 이런 동지들을 하나로 모으고 새로운 정치의 희망을 불태울 계기를 만들어 주었던 안철수 의원이 고맙다. 그는 그냥 편하게 살 수 있었을 모든 자리를 내던지고 이 험한 정치판으로 내려왔다. 많은 사람들이 그를 오해하고 또 선입견을 갖고 있지만 그는 묵묵히 자기 길을 가고 있다. 나는 그것이 안타깝고 답답하다. 그러나 그것이 안철수가 사는 방식이다. 그는 역사에 대한 책임감에서 나오는 무서운 소명의식을 갖고 있다. 솔직히 말하자면 안철수가 있었기에 우리는 새로운 정치의 가능성에 대한 희망을 보았고 우리의 열정을 쏟을 기회를 가졌다. 우리는 안철수에게 빚을 졌다. 다만…… 정치에서 월반은 없다. 안 의원 역시 너무 빨리 정치적 거물이 된 대가를 치르고 있다.

새로운 정치를 위한 우리의 노정은 아직 끝나지 않았다.

하루빨리 한국 사회를 근본적으로 바꿀 새로운 정치 주체가 등장했으면 좋겠다. 침몰하는 세월호에서 책임자들은 기다리라고 했다. 우리는 기다릴 수 없다. 힘든 일이지만 가야만 할 길이고 우리는 아직 할 일을 하지 못했다. 이렇게 살다가 나는 세상의 먼지로 사라질 것이다. 다만 내 뒤를 이어 살아야 할 젊은이들에게 조금이라도 나은 사회를 위해 싸웠던 사람으로 기억되는 것이 내 유일한 욕심이다.